香港方物志

（彩圖版）

（彩圖版）

香港方物志

葉靈鳳　著

香港中和出版有限公司
www.hkopenpage.com

出版説明

　　打開《香港方物志》的目錄，看到《一月的野花》、《三月的樹》、《四月的花與鳥》、《藍鵲 —— 香港最美麗的野鳥》、《夜雨剪春韭》、《新蟬第一聲》……是不能不被吸引著讀下去的。

—— 香港著名報人　羅孚

　　葉靈鳳是上世紀四五十年代活躍於香港文壇的知名作家、報人。葉先生自一九三八年避戰亂客居香港，直至一九七五年病逝。他視香港為第二故鄉，對香港歷史地理、文化風俗進行了深入研究，被譽為「香港學」的開拓者。《香港方物志》便是其有關香港掌故和風物研究最重要的成就。

　　一九五三年，葉靈鳳為香港《大公報》副刊撰寫了一系列有關香港花鳥蟲魚和風俗掌故的文字，反響熱烈，香港中華書局遂於一九五八年首次結集成《香港方物志》出版。全書共一百一十二篇，每篇千字左右，寫草木蟲魚，也寫市井民風，知識和情趣兼具，文筆在不大的篇幅裏挪轉自如，既「在資料的引用和取捨方面都是有所根據」，又有「散文隨筆」的清新趣緻。正如香港著名報人羅孚所講，「《香港方物志》之能吸引人，不僅在於它告訴你許許多

多香港自然界的豐富知識，也在於它提供了一篇又一篇可讀性很高的美好的散文。它絕不是一本枯燥的自然課本。」也因之，《香港方物志》數次再版，至今仍是介紹香港掌故風物最好的讀物。

《香港方物志》出版半個多世紀以來，香港飛躍發展，金融、貿易的發展躋身世界前列。城市化加速帶來的是鄉郊景物的巨大轉變：有些傳統風物消失；有些野生鳥獸和植物，逐漸減少或瀕臨絕種。比如，二十世紀五十年代香港尚有華南虎，而今不僅在香港已難尋蹤跡，在整個華南地區都疑為滅絕。透過《香港方物志》追溯香港五六十年代風物的歷史，不僅可以了解城市化巨變之前的香港，更啟發我們去發現城市繁華背後的綠色香港，去保護山水家園的生機勃勃。

《香港方物志》裏記錄有大量科學性的內容，並且書中描述的動植物與風俗皆有跡可循，並非虛擬，鑒於此，我們精選 200 餘幅精美的彩色圖片，為每篇文章量身定製一份「自然生態圖檔」，並附有簡明的科普 TIPS；對於已經滅絕或瀕危的物種，我們蒐集資料，請人精確繪製復原圖，便於讀者直觀理解書中的描述。圖文輝映，力求真實立體地再現《香港方物志》所記錄的豐富物種、多元生態、多樣民風。希望這本全新的彩圖版《香港方物志》為讀者提供全新感覺的閱讀體驗，也讓葉靈鳳先生的這本佳作在這個「博物熱」興起的年代再放光輝。

葉靈鳳生平簡介

葉靈鳳

葉靈鳳（1904—1975），原名葉蘊璞，江蘇省南京人，幼時在鎮江、崑山生活，後到上海唸書，中學畢業後進入上海美術專科學校攻讀，經常隨身帶着畫板四出寫生；同時間開始寫作，文章在報上發表，美專校長欣賞其寫作，不收學費。

不久加入由郭沫若、郁達夫創辦的「創造社」，與其他幾位文學青年合稱「小夥計」，出版《幻洲》、《戈壁》等刊物；葉靈鳳寫作、編輯之外，還兼負起美術設計之責。

葉靈鳳酷愛版畫和設計藝術。三十年代上海良友出版社曾出版四冊專書介紹西方版畫藝術，其中英國版畫家比亞茲萊一冊由葉靈鳳選編及作序。其餘三冊編撰者有魯迅、柔石等。

當時西方文學界流行藏書票，葉靈鳳為自己設計了一款含有鳳凰圖案的中國古典木刻藏書票，並與日本、英美等地的作家、藏書家交換，應為中國開展藏書票活動的第一人。七十年代葉氏在港病逝後，其歷經戰火遷徙仍保存的一批珍貴藏書票，連同其部分手稿捐獻予北京的中國文學館收藏。

一九三八年，抗戰爆發，郭沫若、夏衍等進步文人南下創辦

《救亡日報》，葉靈鳳亦隨同到廣州，不久廣州亦淪陷，葉靈鳳再到了香港，從此開始了長達將近四十年的客居生涯。

在香港，葉靈鳳主要從事寫作和編輯工作，繼戴望舒北上之後主編《星島日報》「星座」版，直至病逝，成了香港存在最長時間的文藝副刊；全盛時期，葉靈鳳一天要寫七、八個報刊專欄，有散文、翻譯和掌故等，其中以署名「霜崖」、發表在《新晚報》上的「霜紅室隨筆」最為有名。

葉靈鳳家中食指浩繁，有妻子趙克臻及子女八人，早期還有岳母同住，一家十一口，全靠他一人筆耕為生。當時並無傳真機，各報有專人取稿，羅便臣道葉宅門前，每到下午截稿時間前，總有三兩位報館工友在「排隊」等候取稿。

葉靈鳳在港工作、生活期間的一個特點，是廣交文化界各方面朋友，當時所謂「左派」、「右派」壁壘分明，但葉靈鳳的文章可以同時在「左」、「右」派報紙發表。一些「左」、「右」派文人亦會在其家中碰面，談文説藝，不涉其他。

五十年代，原葬在淺水灣頭的東北女作家蕭紅，其墓地因發展需要面臨被夷平，葉靈鳳聯同香港大學中文系高級講師陳君葆，向當時的香港政府申請遷葬，將因肺病孤獨客死異鄉的蕭紅骨灰送回內地，在廣州銀河公墓安葬。

葉靈鳳在港居住大半輩子，已經將這個南方蕞爾小島視作其第二故鄉，而且以獨到眼光對香港歷史展開了深入的研究。當時，對香港的歷史、特別是一個半世紀前被英國殖民統治者侵佔的經過，主要文字資料均為英國文獻；葉靈鳳從英國書店訂購大量英文書籍，結合中國史料，從兩個方面對香港的歷史、地理、文化、風俗寫作了大量文章，包括香港「失落」的經過、著名的「海盜」張保仔

事跡以至花鳥蟲魚等，開創了有關這方面研究寫作的先河。後人有稱此一領域的研究為「香港學」，葉靈鳳堪稱是「香港學」篳路藍縷的創始人。

在葉靈鳳逝世後，其生前好友夏衍先生說，葉靈鳳一生最重要的成就是有關香港歷史掌故的工作。其有關著述為國家其後一九九七年收回香港也提供了重要的參考依據。

葉靈鳳生前最重視的一套藏書是清嘉慶版的《新安縣志》，香港歷史依據盡在其中。葉靈鳳逝世後，其家人遵其生前意願，《新安縣志》捐獻內地，餘逾萬冊藏書捐贈香港中文大學圖書館。

葉靈鳳著作甚豐，生前主要著作，小說集有《未完成的懺悔錄》、《女媧氏的餘孽》、《處女的夢》等；隨筆有《天竹》、《白葉雜記》、《香港方物志》、《北窗讀書錄》、《能不憶江南》等；翻譯有《新俄短篇小說集》、《九月的玫瑰》等。去世後，有關香港歷史的文章被編為《香港的失落》、《香海浮沉錄》及《香島滄桑錄》共三本；有關書話的文章則被編為《讀書隨筆》三冊。

葉中敏（葉靈鳳之女、《大公報》主筆）

（上）三十年代末葉靈鳳與夫人趙克臻合照。

（下）葉靈鳳夫婦與兒女郊遊留影。

（上）葉靈鳳夫婦及子女與文化界友人源克平（右三）、黃蒙田（右二）、嚴慶樹（前中）郊遊合照。

（下）葉靈鳳夫婦與《大公報》社長費彝民夫婦（右二、右三）合照。

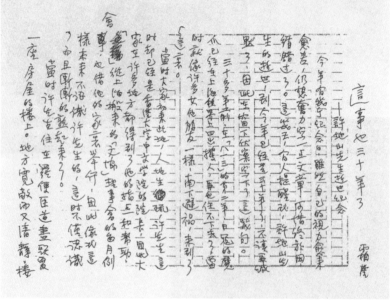

（上）一九七九年十一月香港中文大學校長馬臨教授（中）在藏書送贈儀式上
　　　將紀念座頒予葉靈鳳夫人趙克臻女士（右）。

（下）葉靈鳳手跡。

一九五八年初版
《香港方物志》的前記

　　這些短文，都是在一九五三年的一年間，陸陸續續在香港《大公報》的副刊上發表的。這不是純粹的科學小品文，也不是文藝散文。這是我的一種嘗試，我將當地的鳥獸蟲魚和若干掌故風俗，運用着自己的一點貧弱的自然科學知識和民俗學知識，將它們與祖國方面和這有關的種種配合起來，這裏面有科學也有傳說，用散文隨筆的形式寫成了這樣每篇千字左右的短文。

　　在報上發表時，讀者的反應還不錯，這才使我現在有勇氣將它們加以整理，保存下來。

作者

一九五六·七·十二，香港

《香港方物志》一九五八年中華書局版封面

序新版《香港方物志》

　　這本《香港方物志》，是在十多年前，在偶然的機會下寫成的。從輯集成書到出版，這中間頗經過了一些周折，而且擱置了好幾年，因此排印出版以後，若不是無意中從報上見到廣告，作為作者的我，一直還不知道自己的書已經出版了。

　　十多年以來，本書還不會被人忘記，而且還繼續有新的讀者，這倒是作者深引以為自慰的，但他也明白這裏面的原因，主要的乃是由於有關香港史地知識的出版物，實在太缺乏了，尤其是關於方物的記載，在十多年前簡直是一片空白，因此我的這本小書，就無可避免的填補了這空虛。但我同時也知道，自己當時為了嘗試撰寫這樣以方物為題材的小品，曾經涉獵了不少有關這方面的書籍，從方志、筆記、遊記，以至外人所寫的有關香港草木蟲魚的著作，來充實自己在這方面的知識，在資料的引用和取捨方面都是有所根據，一點也不敢貿然下筆的。

　　可惜初版本書出版時，作者未曾有機會親自校閱，本來應該附有若干插圖的，也未及附入，這樣倏忽之間已經過了十多年，自己一直引以為歉。這次改由上海書局出版，承他們給我改訂的機會，將內容略作修正和刪改，並增加了一些新的材料，以便能配合時代的進展，同時更按照原定計劃，附入若干插圖，使本書能以新的面目與讀者相見。是為序。

一九七零年新春，作者

《香港方物志》一九七三年上海書局版封面

目　錄

香港的香

　　香港被稱為香港的原因，有許多不同的解釋。有人說從前有一個女海盜名叫香姑，她利用這座小島為根據地，所以後來稱為香港。又有人說在今日香港仔附近（舊時稱為石排灣），從前有一道大瀑布，水質甘香，航海的船隻總在這裏取淡水，因為這瀑布的水質好，所以稱為香港。這些都是外國人的解釋，表面上看來好像各人都言之成理，事實上大家都忽略了最重要的一點：那就是，香港這個名字的存在已經很久。因為在石排灣附近有一座小村，土名為香港村（現在還稱那地方為小香港或香港圍）。這座香港村遠在英國人不曾踏上這座小島之前就久已存在。所以香港島一名的由來，既非因為香姑，也不是為了瀑布的水香，實因為島上原本就早已有一座小村名叫香港。

　　可是，這座小村為什麼不叫臭港而叫香港呢？香在什麼地方呢？這正是我現在想同讀者談的。因為這個「香」並非水香，也不是人名，實因為這地方從前是一個運輸香料的出口小港，所以稱為香港。

　　這種香料並非島上自己出產的，而是從東莞各地運來（香港島和九龍各地從前都是隸屬東莞縣的，後來又從東莞縣析置了一個新安縣，香港等地遂改隸新安。新安後來又改稱寶安），集中在石排灣，然後再出口運往各地。這種香料，不是流質也不是木質，而是

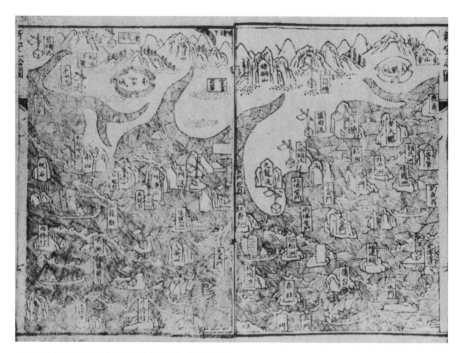

清嘉慶《新安縣志》所載九龍沿海島嶼地圖
（有鯉魚門、紅香爐、赤柱等地名。作者藏）

一種香木的液汁凝結成固體的。它們有的像松香琥珀那樣一團一塊的，有的又像檀香木那樣一片一段的枯木根，這種「香」（從前人就簡稱它為「香」），是當時其他許多香料製品的原料，薰衣、習靜，所燒的就是這種香。上等的價錢非常貴，甚至可以同黃金比價。從前人所謂「焚香默坐」，所焚的就是這種香，並非燃一枝線香或是燒一爐檀香。今日我們所見的古董銅器之中，有一種名為博山爐的東西，就是煎這種香的。下面有盤可以盛水，用熱湯蒸香，使香氣緩緩散發出來，並不直接放在火裏去燒，所以稱為煎。

　　東莞出產的香，在當時南方各地出產的香料之中，算是最有名的，稱為「莞香」。莞香遠銷至當年蘇杭和京師，香農將他們的出品，從產地集中到石排灣附近的這個小港，從這裏用大眼雞船運至省城，再由省城北運。於是島上的這個小港就稱為香港，附近所住的村莊也就稱為香港村。

明末廣東大詩人屈大均的《廣東新語》，記莞香盛時遠銷至北方的情形道：

> 莞香度嶺而北，雖至劣亦有馥芬，以霜雪之氣沾焉故也。當莞香盛時，歲售踰數萬金，蘇松一帶，每歲中秋夕，以黃熟徹旦焚燒，號為薰月，莞香之積閻門者，一夕而盡，故莞人多以香起家。

莞香自明朝直至清朝中葉，都是當地一大名產，馳名全國。產香的樹，名為古蜜香樹。這種樹宜種在砂土的山田裏，稱為香山。鑿取香根的工作多由婦女擔任，她們往往將香木最好的部分切一點下來私藏起來，作為自己的私蓄，然後以重價賣給外地來的香販，這就是著名的「東莞女兒香」，是莞香中的精品，價格也最貴。

土沉香

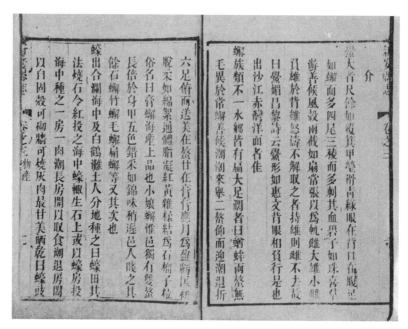

《新安縣志》卷三〈物產志〉一頁（作者藏）

　　莞香雖然有名，可是上品產量並不多，而且香樹要種十餘年後始有香可採，愈老愈好，所以產量不會多，並且整個東莞縣也僅有幾處地方所產的是上品。今日新界大埔的沙螺灣、沙田的瀝源村，都是當年產香名地之一。可是到了清朝雍正年間，因為莞香上品價值兼金，而且不易覓購，宮中需求黃紋、生結、黃熟（這都是莞香的名目）甚急，竟派出採香專吏到東莞來坐索，並且指名要購異種名香。縣官無奈，只得責成里正地保等下鄉搜求，搜求不得，就用嚴刑來追比，以至杖殺了許多地保里役。這一來，種香的人家嚇壞了，他們為了免除禍根起見，竟將所種的香樹斬伐摧毀，然後全家逃亡。香木並不是一朝一夕就有收成的，而且也不是隨地可以種植的，於是自從這些香戶斬伐香木逃散以後，莞香的出產便從此衰落漸至滅絕了。

莞香的出產雖成了陳跡，但至今還在香港留下若干餘韻可供追溯。當然，第一就是「香港」這個名稱本身，因為就是從這個小港口運香出口，所以才稱為香港的。其次是尖沙咀，這地方從前稱為香埗頭，從這裏運香至石排灣集中，然後再轉運出口。

　　還有，新界的遊客當記得沙田城門河附近的香粉寮這地方，這個一度被當作天體運動者樂園的所在，就是利用水碓來舂香木成粉，製造線香塔香的。還有大帽山腳下的川龍村，那裏至今也仍有許多舂香粉的大水磨、水碓。這些都是當年莞香的餘韻，也就是今日香港之「香」的由來。

土沉香

◆ 本篇裏提到的香木為土沉香（*Aquilaria sinensis*），土沉香為瑞香科沉香屬的植物，又名白木香、牙香樹、女兒香。土沉香老莖受傷後所積得的樹脂，俗稱沉香，可作香料原料。由於過度砍伐，土沉香的野生資源日益枯竭。土沉香在我國被列為國家二級保護植物，土沉香及其製品也被列入《瀕危野生動植物種國際貿易公約》附錄 II，受到嚴格的國際貿易管制，未經許可禁止攜帶、郵寄出境。

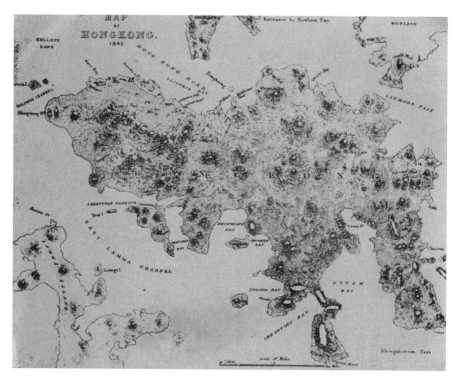

英人測繪的第一幅香港地圖（一八四二年，作者藏）

舶寮洲的古物

　　舶寮洲一名南丫島，在香港仔鴨脷洲的對面，中間所隔的海峽，就名舶寮海峽。從香港到舶寮洲，現在已有直航的輪渡。可是從前還沒有輪渡的時候，你只可以在香港仔搭往來兩島之間的街渡，或是自己僱船去。

　　香港範圍內的島嶼，最大的是大嶼山，其次是香港島，第三便要數到舶寮洲了。舶寮洲地方很荒僻，多是未開發的荒山，僅有幾個小村落。沒有大的漁村，沒有特殊的出產，也沒什麼名勝古蹟。但它卻因一件事情而著名，那就是曾在這個島上發現過我們先民的遺物。

　　發現古物的地點是在舶寮洲的西部，是個大海灣，土名就叫大灣。這地方面對大嶼山和長洲島，中間所隔的海面名西舶寮海峽。被發掘出有古物的遺址共有三處，即榕樹灣、洪聖爺廟和大灣肚三處。這些地點都在向西的這個大海灣上，其中出土遺物最多的是大灣肚。從香港坐船去看這個遺址，最好是乘船繞過舶寮洲的北部，直接駛到大灣海面，從那裏再轉駁小舢舨上岸，甚或從大船上游泳上岸也可以，因為發現遺物的地點就在海濱沙灘和土壤交界的地方，破碎的陶片幾乎俯拾即是。若不採取這樣的路線，則可以在東面的「野餐灣」（一名旅行灣）上岸，從那裏直趨全島的中心蘆鬚城，再向北翻過幾個山坳，下山來到海濱，就到了大灣。這一段步

行的路程要有人帶路，而且在夏天走起來會很辛苦。

　　大灣肚的先民遺址，是無意中給人發現的。發現的經過很有趣，那已是第二次大戰以前的舊事了。據說，當時港英當局正在兵頭花園地底下建築一座蓄水池，需用大量的海沙（這座地下蓄水池就在今日噴水池那一片大草地的下面。噴水池背後的那兩座小台就是泵房，水池的入口正對港督府，乘巴士經過上亞厘畢道可以望得見），包工的建築商僱用帆船到舶寮洲的大灣挖取海沙，工人偶然在泥沙中發現很多陶器碎片和箭簇，拿回來賣給人，後來給水務局知道了，便告訴當時香港大學的一位教授，他便親自到大灣去查勘，發現在那海濱一帶的高地上，幾乎遍地都是這類陶器碎片。後來他又將這樣的發現告訴一位神父，邀請他一同去作比較有計劃的發掘，頗有收穫。後來，這位神父根據他所掘得的這些遺物，與我國先史及殷商時代的文物加以比較，寫了好多篇很細密的論文發表，可惜他在一九三六年因病去世，研究工作便中斷了。

　　舶寮洲發現先民遺物的大灣，三面有山環抱，因為向西，可以免除東北和東南季候風的侵襲，又從山腰裏有一道溪流直通海中，終年不涸。從地理位置上說，這確是一個理想的建立村落的地址。先史時代，曾經有人在這裏住過，是不難想像的。至今山腳下還有廢棄的田地的遺蹟，又似乎開闢過園圃。可是現在僅有一兩間孤單的寮屋，四周全是一片野草雜樹，顯得非常荒涼。

　　據那位神父的現地查勘報告上說，這類遺物的埋藏量約有四尺厚，自地面向下掘，平均掘到十七八寸至七十寸的深處，就可以發現這種文化層。蘊藏量最豐富的一層，是在三尺左右的深處。那些表示文化水準較高的陶器，僅在上層才有。至於石斧和銅箭簇，只有較下的地層始有發現。根據這些情形看來，可知遺物的位置層次，都不曾經過翻動或水流的沖洗，還保持着原來的自然堆積層次。

　　舶寮洲的先民遺物發現至今，已經幾十年。本地人多數僅知道這地方曾出過「古董」。至於究竟是些什麼「古董」，以及它們是多少年以前的遺物，能正確理解的人並不多，甚至有些人誤解，以為這是幾十萬年以前原人時代的遺物，或是幾萬年以前的遺物。

南丫島大灣出土的繩紋陶缽

南丫島大灣出土的石箭鏃

南丫島大灣出土的石戈

◆　南丫島上的大灣遺址是香港地區的重要考古遺址。1932 年 10 月，芬戴禮神父（Fr. D. J. Finn）首次在這裏進行採集、挖掘，並將考古資料公佈於眾。大灣遺址成為國際聞名的考古遺址，備受關注。此後的 65 年間，考古學者對大灣遺址又進行了四次考古發掘。已公佈的考古資料顯示，大灣遺址從新石器時代到青銅時代，至有歷史記載的兩漢時期乃至近代，皆有豐富的遺存發現，因而更加受到考古界的關注和重視。

南丫島大灣出土的刻畫紋陶豆

　　根據發現最多的陶器碎片的花紋、火候和製作方法，與其他各處所已經確定年代的相類遺物來比較，顯明地表示舶寮洲所出土的先史遺物與當時中國沿海的文化源出一轍，其年代約在公元前二百年至五百年之間，即是距今約二千五百年左右的遺物。

　　所發現的陶器碎片，多數是一種圓形的「甕」或「鉢」的碎片。完整的一個也沒有。從拼湊起來的殘缺不全的形狀看來，這種陶器是圓形的，約有十英寸高，口上有短短的頸。頸下有花紋數道，多是斜方格或菱形的線構成的圖案，是用硬物壓成的，圖案的風格顯然受有中國銅器的影響。此外還有一種類似杯的陶器，有些附有薄乳狀的黃釉。因為有釉，它們的時代比那些甕一定要更遲些。

　　石器都是長方形經過仔細磨琢的石斧，是可以裝柄的。此外還有非常尖銳的石箭簇，又有許多大小不一的石環，類似戒指或手釧。並發現了鑽取這些石環的工具和剩餘的石片。石質有些與本地附近的巖石性質相同，有些顯然是從外地運來的。

　　那神父等所發掘的舶寮洲先史遺物，從前都貯藏在香港仔的華南修道院以及香港大學的利瑪竇宿舍內；經過太平洋戰爭，這些東西都失散了一部分。一九四八年，著者曾同侯寶璋、翦伯贊等人結伴旅行南丫島，大家曾到這遺址去看過一次，並從地面上拾回了若干陶器碎片和石器。

英雄樹木棉

今年立春立得早，加之早幾天的天氣又特別燠暖，新年才過，香港的木棉樹竟已經開花了。香港人素來相信，只要木棉開了花，天氣便不會再冷。尤其是水上人家更相信這徵候，他們從前總是以銅鑼灣避風塘附近渣甸倉的那棵大木棉樹為準，只要樹上的花一開，便將僅有的破棉胎捲起來，拿上岸去實行「趕綿羊」了。本來，香港的氣候，在陽曆二月，即農曆的新年頭，照例會特別冷幾天的，但木棉既然開了花，就是冷也不會冷到怎樣了。

香港的木棉，雖不及廣州市和西江一帶那樣的多，但從現在市區附近所殘存的株數看來，在從前一定也不少的。香港的木棉樹，往來市區最容易見到的，是花園道口聖約翰教堂對面的那幾株。大約一共有四五棵，矗立道旁，因為在軍營外邊，四周又沒有其他的雜樹，所以特別容易望見。每年開花的時節，如果天氣好，映着日光，滿樹的大紅花高撐半天，看起來真如屈大均所說的：「望之如億萬華鐙，燒空盡赤。」

木棉古稱史侯花，俗稱紅棉。又因這種樹枝幹高聳，常常高出附近其他各樹之上，所以又有英雄樹之稱。木棉是先花後葉的，開花時枝上往往還留着隔年的舊葉。花朵的模樣很像江浙的辛夷木筆，但是並非紫色而是深紅的，六瓣向上，花蕊黃色，在那矯健如龍的枝幹上，綴着一朵朵的大紅花，樣子非常古豔可愛。

木棉

木棉花落結子，子莢裏有棉如柳絮，我們平日枕頭坐墊裏所用的木棉花，就是這東西。木棉是廣東的特產，西江流域一帶最多，《廣東新語》記敍這一帶的木棉花時盛況道：

> 舟自牂柯江而上至端州，自南津清岐二口而上至四會，夾岸多
> 是木棉，身長十餘丈，直穿古榕而出，千枝萬條，如珊瑚瑯玕，光
> 氣熊熊，映面如赭。其落而隨流者又如水燈出沒，染波欲紅。自仲
> 春至孟夏，連村接野，無處不開，誠天下之麗景也。

屈大均有詠西江兩岸的木棉詩云：

西江最是木棉多，夾岸珊瑚千萬柯；又似燭龍啣十日，照人天半玉顏酡。

木棉花尚有一點值得一提的：它開在樹上的時候花瓣向上，花托花蕊比花瓣重，因此從樹上落下的時候，在空中仍保持原狀，這時六出的花瓣卻成了螺旋槳，一路旋轉而下，然後啪的一聲墮到地上。春日偷閒，站在樹旁欣賞大紅的落花從半空旋轉而下，實在也是浮生一件樂事。木棉花可以入藥，能消腫炎，因此落下來的花，即刻就有人拾去了。

◆ 本篇所述植物為錦葵科（原木棉科）植物木棉（*Bombax ceiba*），又名紅棉、英雄樹、攀枝花，是亞熱帶地區常見的行道樹。

木棉

一月的野花

　　香港的自然是美麗的，尤其是花木之盛。有許多參天的大樹，你決料不到它們是會開花的，可是季節一到，它們忽然會開出滿樹的大花來。這種情形就是在路邊的大樹上也可以見得到，因此香港的鮮花，幾乎四時不斷。

　　香港花開得最茂盛的季節，是每年的二三月至四五月，而最冷落的卻是目前——陽曆一月。這因為香港的氣候，往往在農曆過年的時候最冷，這時候多數是陽曆的二月中旬前後，但這也正是農曆立春的時候，因此在立春之前的陽曆一月份，在欣賞花木上便成為最寂寞的一個月了。

　　可是，正如詩人雪萊在《西風歌》中所詠：「冬天來了！春天還會遠嗎？」一月份內開的花雖然很少，但是自然卻正使它們忙碌的做着準備工作，多數花木的蓓蕾都開始披着毛茸的外衣鑽了出來，就是老榕樹也脫下了舊衣，因此一過了農曆新年交了春，多數花木都揉着眼睛笑起來了。這時首先迎接新年的是最著名的吊鐘，接着是五色燦爛的杜鵑、醉靨的桃花、英雄的木棉……

　　目前，在這最冷落的季節，我們在野外山邊上所能見到的野花，只有一種矮小的紫羅蘭。這是香港最常見的野生紫羅蘭，繁殖得很普遍，差不多在香港和新界的一般山邊上都可以見得到。它們生得很矮小，葉子是尖圓的，花色淡紫，花瓣的底下有幾條深紫的紋路。

它們從一月份開始開花，可以一直維持到四月；不過花色越開越淡，有時簡直是白色的了。

還有一種野生的單瓣白玫瑰，外國人稱它們為「狗玫瑰」，在新界很多，香港山上則比較少見。它們是從二月起開始開花，但在一月份內有時也可以偶然見到幾朵早開的花。它們是純白的，沒有香味，花朵很大，有時直徑可以大至四英寸。

香港有一種野生的黃菊花，多數生在近山澗的山坡上，褐黃色的圓形花心很大，看來幾乎像是小型的向日葵。它們從秋天開始開花，能維持很久，因此你若是現在到山上去散步，偶然還有機會可以見到這種傲霜的隔年殘菊。

金櫻子

蔓莖菫菜

千里光

◆ 本篇裏矮小紫羅蘭實際並不是紫羅蘭，而是堇菜屬（*Viola*）的植物；狗玫瑰指的是薔薇科植物金櫻子（*Rosa laevigata*）；黃菊花指的是菊科植物千里光（*Senecio scandens*）。

香港的哺乳類動物

　　香港島本身，由於與九龍大陸隔絕，又因了很早以來就有人居住，面積又不大，因此島上能夠容身的大型哺乳動物很少。除了偶爾從對面海——九龍來的一隻老虎以外，島上最大的野生哺乳動物，乃是那種比家犬略大的吠鹿。這東西一名南中國鹿，本地人則稱牠們為黃麖，牠們在九龍新界比在島上更多。此外就是野豬，在島上也曾經發現過。島上曾經有過獵得老虎的記錄，但這毫無問題必然是從九龍游水過來的，這與大嶼山曾發現虎蹤的理由一般。這種貓科的動物，每年冬天在新界時有出現，但牠們也不是生活在本地，而是從更遠的中國內地，福建江西的山嶺地帶走來的。牠們是所謂南中國虎，固然不同於北方的滿洲虎，但也與更南的印度虎有一點小小的區別。香港島上從不曾見過豹，但在新界曾有人獵過一頭，剝了皮留下一張照片，那是一九三一年十二月的事。

　　其他的食肉類，在香港島上被人發現過的，有南中國種的狐、南中國種的花斑野貓，牠們介於果子狸與豹之間，以及多種狸貓，屬於南中國種的水獺、貛，以及能吃蟹的鼬。

　　嚴格說來，香港島上所發現的哺乳動物實在不多，經過正式記錄的更少。但因了島上所見到的動物，往往與對海大陸的動物有密切的關係，因此我們不妨假定，凡是在新界大陸能見到的哺乳類動物，在香港島上一定也有機會可以見到。這就包括很多種的蝙蝠，

豹貓

以及很多種的齧齒科動物，尤其是
松鼠和家鼠。又因了新界在地域上
是廣東省的一部，於是凡是南中國
可以見到的哺乳動物，如箭豬和南
中國兔，在這裏也有機會可以見到。
那個形狀奇怪的有鱗食蟻獸，被本
地人稱為穿山甲的，在新界以及香
港島上皆曾出現過。

　　新界雖有猴子林，但那實在不
是野生的。早期到過香港的動物學
家，都說曾在島上見過野生的猴類，
說牠們是屬於印度的恆河猴，但現
在久已在島上絕跡了，據說在港外
荒無人煙的小島上，可能還有這種
野猴存在。

小蹄蝠

鼬獾

◆ 南中國鹿指的是鹿科的赤麂（*Muntiacus muntjak*）；南中國虎指的是貓科動物華南虎（*Panthera tigris*）；南中國種的花斑野貓指的是貓科的豹貓（*Prionailurus bengalensis*）；箭豬指的是豪豬科的豪豬，在香港的種為馬來豪豬（*Hystrix brachyura*）；南中國兔為兔科的華南兔（*Lepus sinensis*）。

香港的野馬騮

外江人呼馬騮為猴。據說一百多年以前，香港島和附近的各小島上，本有野馬騮甚多。十九世紀中葉，到香港來遊歷的歐洲旅行家，尚有關於這情形的記載。一八六六年，著名的動物學家斯溫荷氏曾記載，在香港內的許多小島上，都可以發現猴類的蹤跡。後來他在一八七〇年將捕得的香港野生馬騮加以研究，說牠們是石猴，擬了一種科學上的類名，並加以解釋道：

> 此種石猴可以在香港附近多數的小島上發現。牠們頗似印度種的恆河猴，尾巴特別短。剖腹曬乾了的猴乾，時常掛在香港和廣州藥材店的天花板下，猴骨也被當作藥料來出售……

斯溫荷氏還給這種野馬騮擬定了一個新的學名。說是不僅香港一帶有，牠們分佈的區域頗廣，從印度以至中國長江以南都有。

香港一帶有野生的馬騮，我們從舊時的《新安縣志》上也可以得到佐證。新安即今日的寶安，當時的香港島是屬於新安縣官富司管轄的。《縣志》云：

> 猴乃獼猿之屬，能諳人性，穴處山谷中，千百為群。邑

之伶仃山、擔竿山等處，所產最繁，俗呼馬騮。

　　擔竿、伶仃雖在今日香港界外，但據香港大學博物學教授香樂思的記載，直至最近，這些島上仍有野生的猴類存在。至於在今日的香港島上，則深水灣、大潭水塘，以至山頂的南面，仍偶然可以發現猴群。不過沒有人捉來研究過，因此，不知道牠們是否是當年斯溫荷等人所見的那些野生石猴的後裔，還是被人豢養而逃逸的其他種類的馴猴。

　　新界沙田的猴子林，一名馬騮山，是香港名勝之一。從前那一帶的樹林內猴子很多，而且很馴熟，如果有遊客在樹下拿出食物來，牠們會成群從樹上跳下來乞食，並不怕人。香港淪陷時期，林木給日本人砍光了，猴群四散，直到近年，在石梨貝水塘附近，又形成一個新的猴子林了。

　　不過，從前馬騮山的馬騮，乃是經人豢養過放在那裏的，並不是香港原有的野馬騮。牠們棲身在馬騮山的歷史並不很久。本地人傳說是一位住在新界的姓陳的航海客放在那裏的；外國人則說是在第一次歐戰期間逃聚在那裏的。

◆ 分佈在香港的猴子種類為猴科的獼猴（*Macaca mulatta*），又名普通獼猴、恆河猴，原產於印度北部、孟加拉、巴基斯坦、尼泊爾、緬甸、泰國、阿富汗、越南和中國南部。

獼猴

新蟬第一聲

「微月初三夜，新蟬第一聲。」這是大詩人白居易聞新蟬詩中的兩句。他這首詩大約是在北方什麼地方寫的，因為詩題是「六月初三夜聞蟬」，一定那地方氣候比較冷，所以六月始聞新蟬。但在香港，則一到四月初，你就可以聽到蟬聲了。

前幾天天氣比較暖，我已經聽過窗外樹上第一聲的新蟬，那聲音斷斷續續的，叫了幾聲就停住了，好像很生怯。這幾天天氣又轉冷，便不再聽見牠叫了。遙想牠一定在枝上竭力抑捺自己的興奮，靜候這寒流的尾潮一過，從此就可以放懷唱個痛快了。

蟬聲一來，就表示夏天已到。香港叫得最早的蟬，並不是我們通常所見稱為「知了」的那種大蟬，而是一種黑色的小蟬，翅上有兩點黃色的斑點。牠的叫聲也不像普通的蟬那樣，而是「滋——滋」。聲音叫得非常響亮。這種小蟬，中國舊時稱為蟪，又名蟪蛄。有青色的，香港更有一種紅色的，牠們的鳴聲都與那種褐黑色的大蟬不同。

雌蟬不會叫，所有會叫的蟬都是雄的。因此古希臘詩人薩拉朱斯曾有兩句非常幽默的《詠蟬》小詩：

　　蟬的生活多麼幸福呀，因為牠們有不會開口的太太。

據著名的昆蟲學家法布耳說，雌蟬不僅不會叫，牠們似乎連聽覺也沒有。因為他曾在有蟬的樹下放了一槍，牠們似乎一點不受驚擾。

人類對於蟬素來有好感，尤其注意牠的鳴聲，所以希臘古詩人詠蟬的很多，中國舊詩以蟬為題材的更多，而且有許多關於蟬的有趣的傳說和故事。但是對於蟬的生活一向不大清楚，並且有些可笑的誤解。差不多中外都是如此。直到近年法布耳等人耐心作了多年實地精密的觀察，才能弄清楚牠們生活的真相。

一隻蟬從幼蟲一直到爬到樹上來叫，先後至少要經過七八年之久，有的甚至要相隔十餘年。雌蟬的卵是產在樹幹上的，牠們孵化後會從樹上落到樹根下，然後掘土向地底下鑽去，有時要深入土中十餘尺，遇到有樹根的適宜地方便停住，以樹根的汁液為營養。這樣一要在土中生活七八年（有一種蟬的幼蛹要在土中隱居十七年），幼蟲才生長成熟，然後本能地在一個雨夜掘鬆了泥土往上爬，爬到樹幹上休息一下，開始褪殼，從裂開的殼背上就爬出了一隻完整的新蟬。那隻空殼，就是中國藥材舖裏所賣的蟬蛻。新蟬繼續爬上樹梢，不久就開始試牠蘊蓄了七八年之久的新聲了。

羽化的蟬

◆ 香港叫得最早的蟬為蟬科的斑蟬（Gaeana maculata），又名黃點斑蟬。本篇描述法布耳說「雌蟬沒有聽覺」，實際上雌蟬有聽器，可以感受雄蟬的求偶鳴叫。蟬為不完全變態昆蟲，一生經歷「卵─若蟲─成蟲」階段，本篇所述的幼蛹實為蟬的若蟲在土中的狀態。

黃點斑蟬

夜雨剪春韭

　　有人註釋杜甫的這句名句：「夜雨剪春韭」，認為不是用剪刀到後園裏去剪韭菜，而是在下鍋炒的時候，將它們剪齊。這真是上海人所說的纏夾二先生的胡纏。韭菜是種一次可以繼續採用多次的。因此不便像青菜蘿蔔一樣連根拔起來。又因為太多，不能像蔥一樣的隨手摘幾根，所以不用剪刀去剪，便要用小刀去割。江西人的兒歌，就有「剃頭刀兒割韭菜，寅時割了卯時有」之句，形容韭菜愈割長得愈快；陸佃的《埤雅·說韭》，也說韭菜用剪，並且不宜在日中剪，引古諺「觸露不掐葵，日中不剪韭」作證。此外，《齊民要術》所載種韭的方法，也一再提到用剪。可見杜老的「夜雨剪春韭」，是深懂園藝生活而又有季節感的寫實名句；不能用灶下婢或伙頭的觀點去曲解它也。

　　香港的韭菜非常好，又肥又長，韭黃更好。但是香港人平日家常似乎不大吃韭菜，只有吃狗肉的時候才一定要用茼蒿韭菜。平時是連韭菜炒蛋、韭菜豆腐煮燒肉也少吃的。這可便宜了北方人，韭菜包餃子烙餅，韭菜煮豆腐、炒肉絲、炒螺絲肉。最妙的是炒豆腐，用乾鍋將豆腐烘得黃黃的，然後弄碎了炒韭菜，乾香開胃，實在是一味價廉物美的家常好菜。北方人還懂得醃韭菜，將肥大的韭菜整把地塞在罈子裏用鹽去醃，不久就可以拿出來切了生吃，別有風味。香港的韭菜又多又便宜，既然本地人不常吃，倒落得讓北方人大快

朵頤了。

杜甫所說的春韭，其實就是韭黃。北方氣候與南方不同，不能像香港這樣幾乎隨時可以買得到韭黃，僅在春天韭菜發芽時才有的。這是真正的韭黃，不是用人工遮掩着陽光烘焙出來的，所以滋味非常甜美，價錢也特別貴。北方人新正吃春捲，最講究的便要用肉絲炒韭黃作餡。北方的韭黃短苗肥嫩，沒有香港的韭黃那麼長，是園蔬中的珍品。《山家清供》載，六朝的周顒，清貧寡慾，終年常蔬食。文惠太子問他蔬食何味最勝？他答曰：「春初早韭，秋末晚菘。」這可說是對於韭菜最有理解也最有風趣的評價。

古人對於春韭久已尊重。《詩經‧豳風》，四之日獻羔祭韭。《禮記》也說，庶人春薦韭，配以「卵」，大有用雞蛋炒韭黃祭祖宗之意。至於《本草》裏所載的韭菜醫藥功用，更是連篇累牘的數不清。

韭菜一名懶人菜，因為只要種一次，就可以割了又長，長了又割。

韭黃

◆ 每年春天韭菜發芽時長出的第一茬嫩葉稱為春韭，味道鮮美，下端葉鞘部分在埋土環境會軟化變白，稱為「韭白」。韭菜在弱光覆蓋的環境下培育即可以得到柔軟、黃白、鮮嫩的韭黃。

后海灣的鷺鷥

　　后海灣一名深灣，是深圳河入海的出口，在新界元朗西北面。因為地點空曠冷僻，是香港唯一可以見到大批各種水鳥的地方。從鷺鷥、鸛鶴以至鵜鶘，都有機會可以見到。尤其在冬季，因為許多水鳥都喜歡從北方到香港來過冬，所以能夠見得到的更多。

　　香港最容易見到的是大白鷺和塘鷺。鷺鷥是喜歡縮頭縮頸的，牠們飛起來也是如此，喜歡縮着頸子，但是同時卻將雙腳伸直到後面。這是牠們的特點，所以一望就知道。這是鸛鶴與鷺鷥最容易辨別的地方。因為鸛鶴和野鶴飛起來，則喜歡伸長了頸子，同時卻將雙腳掛在身下。中國舊時畫家畫空中飛着的仙鶴，往往將牠們的雙腳姿勢畫成像鷺鷥一樣，這是觀察不真之故。

五十年代的新界后海灣

在新界樹頂築巢的大白鷺

小白鷺的飛行姿勢

東方白鸛的飛行姿勢

我們對於鸛鶴不大看重，但是外國人則對他們發生極大的興趣，尤其是兒童，因為民間傳說所有的孩子，都是由鸛鶴啣了從壁爐煙囱裏送來的。

后海灣一帶，容易見到鷺鷥等水鳥的原因，是因為他們喜歡在水裏覓食。元朗屏山鄉一帶的水田很多，因此，他們都聚集在這一帶了。他們的主要食料是小魚，但是也吃田螺、田雞、老鼠，甚至蛇。鷺鷥的嘴很堅硬有力，一條蛇被他一啄就是兩截。

鷺鷥是有群居習慣的。他們雖是水鳥，結巢卻在大樹頂上，而且喜歡大家結伴處在一起，並在固定的地方。每年在北上避暑或南下避寒之後再回到香港時，一定仍到原來的地方去結巢，這習慣頗與燕子相似。新界的沙頭角、錦田、屏山鄉以及大嶼山，都有這種所謂鷺鷥巢。但規模最大的一處，則是在林村谷土名叫「坑下坡」的一座樹林內。

鷺鷥等水鳥的身上，有一種油質的腺，他們時常用嘴抹了來塗在羽毛上，所以能入水不濡。鷺鷥捕魚很有趣，他們不似魚郎或是翡翠那樣，在飛行中突然「撲」的一聲飛入水中啣出一條魚來。他們乃是在淺水中緩緩地步行，躬背縮頸，那模樣極似一個身披蓑衣的涉水老漁翁，見了魚就一口啄去，百無一失。更有一種則凝然站在水中不動，等候魚兒游過腳下就捉。中國舊時的寓言上稱他們為信天翁，其實這該是另一種海鳥的名稱。

◆ 后海灣即今日的深圳灣，是位於香港新界元朗和深圳蛇口東南方之間的一個海灣，原屬香港管轄，香港主權移交後深圳灣北部由深圳管轄。后海灣內灣收錄於《國際重要濕地名錄》之中，濕地極具生態價值，冬季有大量遠道而來的候鳥來此過冬。文中提到的鷺鷥是鷺科鳥類的統稱；鸛鶴分別指鸛科和鶴科鳥類的統稱；魚郎和翡翠指的是翠鳥；信天翁則是鸌形目信天翁科鳥類的統稱。

今日深圳灣

青草池塘處處蛙

　　香港雖然在春末夏初多雨，可是缺少小池塘，除了到新界郊外以外，不容易聽到蛙聲。因此，如要欣賞鋪滿浮萍的綠色小池裏的「閣閣」蛙聲的詩境，只有到江南去尋求了。但香港另有一種青蛙，牠們不喜歡入水，卻喜歡上樹，普通稱為樹蛙。

　　樹蛙全身黃褐色，背上有一個暗黑色斜十字形的花紋。牠們的趾尖有很大的吸盤，所以能爬樹，而且能坐在樹葉上面不致滑下來。

　　樹蛙像變色蜥蝪一樣，有很驚人的變色能力。牠們能適應環境，將黃褐色的身體變成灰暗的樹幹或是泥土的顏色。若是有陽光，牠們又能隨着藏身的樹葉變成明亮的綠色。生物學家研究樹蛙變色的過程，認為是牠們吸收了光線以後在皮膚上所起的反射作用，因為若是失去視覺，牠們的變色能力也消失了。這種情形頗與鯉魚差不多。因為一條青灰色的大鯉魚，若是失去視覺，立刻就變成黑色的了。

　　樹蛙在香港很多，從山頂直至筲箕灣都有。只是因了牠善於變色，所以不容易被人發覺。據說大學堂的生物學教授，有一次捉了幾隻樹蛙在實驗室裏作實驗，逃走了一隻，這位教授同學生在實驗室裏找了好久找不到。後來才發現牠停在當眼的牆上，已經將身上的顏色變得同灰黃的舊石灰牆差不多，因此一時找不到。

　　樹蛙僅有二寸多長，雌的比雄的略大。目前正是牠們的產卵時

節。牠們的卵也像普通的青蛙一樣，外面是有一層膠質黏液的。可是牠們並非產在水裏，而是產在俯臨山澗的小樹枝上。蛙卵孵化出來以後，牠們本能地會從枝上向下面跳，跳入水中變成蝌蚪。

除了樹蛙以外，香港還有十幾種青蛙，但是都沒有樹蛙這麼多。有一種被稱為鏟足蝦蟆的蝌蚪，小而黑，在二月初就在山澗裏游泳了。牠們不像普通的蝌蚪，嘴上生着一根細長的吸管。不用直接浮上水面，只要將吸管伸上來，就可以吸取浮在水面上的微生物了，那樣子頗像是潛水艇的瞭望鏡。另有一種黑而大的蝌蚪，也孵化得很早。牠們長大了就是普通的所謂田雞。目前我們在郊外稻田裏聽到「閣閣」叫的，便是牠們了。

斑腿泛樹蛙

虎紋蛙

小弧斑姬蛙的蝌蚪

◆ 文中所指樹蛙為樹蛙科
的斑腿泛樹蛙（*Polypedates
megacephalus*），產地就在
香港。鏟足蝦蟆可能為姬蛙
科的小弧斑姬蛙，田雞為蛙
科的虎紋蛙（*Hoplobatrachus
tigerinus*）。

三月的野花

　　在三月的香港看花，當然最好看的是杜鵑。但除了杜鵑以外，香港這一個月可欣賞的野花，可正多着。因為從三月到五月，正是香港的各種野花競秀的季節，從山上幾丈高的大樹，以至山坡上的雜草堆裏，都能出人不意的鑽出奇異可愛的花朵來。

　　香港有很多種蘭花，已經由植物學家著錄的共有七十五種，它們都是野生的。中國向來稱讚蘭為王者之香，因為它們生於幽谷。因此在香港要欣賞野生的蘭花，你得到比較陰濕的山邊，大樹根下，巖石底下，以及瀑布山澗的旁邊，更好的是平日人跡少到的懸崖峭壁去尋找。中環上面仰望上去的維多利亞峯的那一片峭壁，就是香港出生野蘭著名的地方。此外，香港島上的德忌笠角、馬己仙峽；新界的馬鞍山、大帽山頂，大嶼山的鳳凰山頂，都是出產少見的奇種野蘭的地方。

　　在三月裏開花的野蘭，值得推薦的僅有兩種。一種本地人名為「石仙桃」，花淡黃色，中間伸出一條乳白色的舌，一根莖上可以開花十幾朵至二十朵。它們喜歡生在大樹根下和巖石腳下暗濕的地點；在香港的扯旗山、西高山和其他的山上都可以見得到。葉子約有兩尺高，是香港春天最常見的野蘭。

　　另一種本地人名為鶴頂蘭，因為未開花時很像仙鶴頭，西洋人稱它們為「尼姑蘭」。花莖很高，可以有三尺長，每莖上有花十餘

石仙桃

朵，逐朵開放，可以繼續至一個月。鶴頂蘭是棕黃色的，花芯紫色，每一朵盛開時大至四寸，是本月份容易見到的最美麗的野蘭。

黃白相間的金銀花，以及朱紅色的炮仗花，是本月份在香港人家園林裏最容易見到的牆頭花。它們常常從牆上和花架上爬到園外來，形成「春色滿園關不住」的模樣。

還有，我們不能不再提起一下木棉，因為它們是在本月份最受人注意的一種花樹。在本月份開花的大樹還有多種，花朵多是白色或淡紫色的。有意欣賞的人最好到植物公園去看一下，多數的樹根下都註明着它們的學名。

鶴頂蘭

炮仗花

◆ 本篇提到的石仙桃為蘭科的植物石仙桃（*Pholidota chinensis*），因假鱗莖像桃子而得名。鶴頂蘭是蘭科植物鶴頂蘭（*Phaius tankervilleae*）；金銀花為忍冬科植物華南忍冬（*Lonicera confusa*）；炮仗花為紫葳科植物炮仗花（*Pyrostegia venusta*），原產南美，後引種到亞洲各地。

三月的樹

　　三月的香港，已經是看花的季節。但除了看花之外，我覺得在初春的香港，還有一種美麗的東西可看，那便是郊外、山上、路旁，以及你的園子（如果你是一個這樣有福氣的人）裏的各種樹木的新葉和嫩芽。

　　在國內，我們見慣了樹木在秋天開花落葉。立秋一過，梧桐樹首先飄下它的第一張落葉。隨着無情的西風和霜氣，各種樹木的葉子都開始由綠變黃，紛紛下墜。深秋在北京西山，或是杭州西湖上的靈隱，我們這時便可以見到終日滿天落葉飛舞的勝景。於是到了冬天，除了松柏一類的常綠植物以外，所有的樹枝差不多都是光禿禿的了。

　　但在香港卻不是這樣。香港的樹，秋天並不落葉，整個冬天也能保持它們的葉子，甚至並不變黃。但是春天一到，就在現在這樣二月尾三月初的時候，常常一棵樹在一夜之間就會褪光了全樹的葉子。它們可說不是落葉而是換葉。因為這種變化，乃是由於內在的要求：春天到了，新葉已經準備好了一切，急於要鑽出來，於是已經盡了責任的隔年舊葉就毫不躊躇地將它們的地位讓給新的一代了。

　　三月的香港天氣，是最多變的，不僅氣溫冷熱不定，就是晴雨也沒有把握。從前人稱這樣的天氣為「養花天」，在香港這時，則

可以説是「養葉天」，因為一棵在前幾天剛褪光了葉子的大樹，你只要三四天不曾留意它，經過夜來一場細雨以及早上一場太陽之後，光禿的樹枝已經又綴滿新葉的嫩芽了。

　　新苗出來的嫩葉芽苞，除了最常見的嫩綠色的以外，有的更是粉紅和嫩黃的，有的僅是一叢毛茸茸的小圓球，一眼看來幾乎以為是開了花。它們變化得很快，太陽一曬，昨天還是空疏的枝頭，今天已經是一片新綠了。映着陽光，這種嫩葉全然是透明的。

　　就是路邊的老榕樹，它們是終年常綠的，也在這時開始換上它們的新裝，它們是逐漸換的，落了一批舊葉換上一批新葉，因此在你不知不覺之間，它們已經全樹煥然一新了。

榕樹換新葉（黃葛樹）

◆　香港有多種榕樹，春天換葉明顯的有黃葛樹（*Ficus virens*）、筆管榕（*Ficus subpisocarpa*）等。

青竹蛇

　　又到了農曆的驚蟄了。按照《月令》所記，驚蟄聞雷，冬眠蟄伏的百蟲皆驚醒，從此又開始出來活動了。其實，在整個冬天，香港就不曾斷過蚊蟲和蒼蠅，蟑螂也繼續在活動。不久以前我就在路上見過一條大百足，足足有七寸長，揮動牠的二十二對腳（這是香港百足的腳的真實數目，但是除了最前的一對進化為鉗狀，最後的一對又退化成尾狀以外，一條百足其實僅為四十隻腳），如飛的爬了過去，可見牠不待驚蟄的雷聲，早已東山再起，出來「撈世界」了。

　　隨着樹木的萌芽，在新綠的樹叢中，時常會有一種小蛇隱伏着，全身綠色，尾上還有暗藍的條紋，恰似日光在樹叢上所投下的陰影，因此使牠們構成了很巧妙的保護色。這是香港所出產的一種小毒蛇。因了牠渾身綠色，被稱為青竹蛇，是香港所能見到的蝮蛇科的唯一毒蛇。牠的眼鼻兩旁各有一塊凹痕，頗似響尾蛇，這是牠們的特點。

　　青竹蛇很細小，普通僅有一二尺長，最長的也不足三尺。雖然可能會有四尺長的青竹蛇，但在香港還未有過這樣的正式紀錄。

　　青竹蛇咬人很快。過山風和響尾蛇之類，雖然有劇毒，但是牠們在實行攻擊之前，先要絲絲作響發出警告，使對方有機會及時逃避。可是青竹蛇見了人往往立刻就咬。因了牠全身細小，又是碧綠色的，隱在樹葉底下或在草叢中不易發覺，所以，採集花果和刈草的園丁往往為牠所乘。

青竹蛇雖然小，但是嘴上的毒牙卻很長，而且牙內的中空部分很大，能流注很多的毒液，所以，給牠咬上一口是很麻煩的；成人雖不致死，但要捱受一場大苦。小孩和狗類被咬了，若不及時救治，則往往會送命。香港雖然時常有青竹蛇咬人的新聞，但還不曾有一個成人被咬死過。

　　矮樹叢生和雜草茂盛的山坡，是青竹蛇最喜歡出沒的地方，牠們喜歡在陽光中躲在樹葉底下休息。誰接近了牠的警戒線就是嗖的一口。這種蛇在本港以赤柱一帶最多。

白唇竹葉青

◆ 青竹蛇即竹葉青，是蝰蛇科下的一大類毒蛇。在香港，青竹蛇具體種類為白唇竹葉青（*Trimeresurus albolabris*）。

四月的花與鳥

　　對於自然的愛好者，香港的四月是一個可喜的月份。基督教徒的
復活節是排在四月的。對於愛好自然的人，四月裏復活的不僅是「神」，
隨着春天的甦醒，整個大自然都從冬眠中復活了。

　　從北方和南方到香港來過夏天的鳥類，現在都開始一個一個地來
了。還有從南方回到北方去的候鳥，牠們路過香港時，大都要在新界一
帶停留幾天，整理羽毛，休養體力，然後再繼續北上。新界的樹林和田
野，富於果實嫩苗和小蟲魚介，自能供給牠們豐富的食料，從不向牠
們要入境證，也不向牠們索取過境稅。

　　在這個月內，香港有好幾種有名的花樹都開始開花。蛇、蜥蜴、青
蛙和其他許多爬蟲，從這個月份起，也應有盡有地一起四出活動了。

　　桐油本是中國的特產，現在正是桐樹開花的時候。好多年以前，港
英當局曾有在新界山上試種桐林的計劃，苗圃就在將近沙田的公路兩
旁，這是從廣西移植來的樹苗。因此我們現在如果沿大埔道經沙田一
直到粉嶺，路旁和山坡上都可以看到許多桐樹。現在正開着花，桐花
是白色的，許多朵簇生在一起，像是繡球花。

　　香港另有一種與中國桐樹相類的灌木，一般人稱為蠟燭樹，
這是從馬來半島移植過來的。桐樹僅在新界沙田粉嶺一帶可以見
到，但這種蠟燭樹則在香港路邊隨處可見。漁農署在路旁所佈置
的樹苗，多數是這種樹。灣仔的修頓球場四周就有許多棵。它們

木油桐

鳳凰木

長得很快,葉大蔭濃,所以是一種理想的街道樹,只是樣子粗俗一點罷了。
蠟燭樹的花也是白色的。它們有一特色,開花的時候,樹葉上會生出一種
白色的茸毛,看起來像是被人滿樹澆了石灰水似的,因此你從老遠一望就
能辨認得出。海南島也有這種樹的出產。它們的果實雖不能榨桐油,但含
有一種油質可作普通燃料點燈之用,因此南方人稱它們為蠟燭樹。樹身的
木料可以作木屐。

　　被一般人稱為「洋紫荊」的巴希利亞樹,也是在現在開花。

　　這種樹不很高,葉子兩瓣合在一起,葉色嫩綠,能開出紫紅色的大朵花,
是香港路邊所見到的最美麗的一種樹。電車路上海銀行大廈對面的草地上就
有一棵。香港學生喜歡採它們那種兩瓣長圓形合在一起的葉子作書籤,說是能
令人讀書聰明,所以又稱為聰明葉。近年,這種樹的紫色花朵被定為香港的市
花了。

　　大影樹,外國人稱它們為火燄樹,也是這個月份開始開花。大影樹的葉子
已經非常美麗,再加上開在樹頂上的朱紅色的花,在四月晴朗的陽光中望來,
烘烘然的一派紅光,實在不愧稱為火燄樹。本地人稱它們為影樹,是因為那濃
綠的柔軟下垂的葉子,在夏天特別受人歡迎,所以稱為影樹。有些人又稱它們
為鳳凰木。

　　在我住處的近旁,本來有一棵高大的影樹,每逢夏初開花的時候,乘船從
海中望上來,遠遠的也能望見樹頂上的那一片紅花。我坐在窗前,落花有時會

從半空一直飛墮到我的案上。去年那塊空地為要建新屋，這棵大影樹便被人七手八腳的鋸倒了。連帶我至今對那一帶新屋也沒有好感。

從這個月開始，香港可以有機會見到許多平時所少見的鳥類，這些都是在南方度完了冬天，開始又飛回蒙古、東三省和日本去的候鳥。牠們有時在香港會停留多日。觀察野鳥最方便的地點，不在香港島上而在新界大陸，尤其是屏山和林村谷一帶，是香港野鳥最多的地點。不僅現在，那裏的野鳥一年四季都比香港島上更多。

四月裏到香港來過夏天的鳥類客人，最值得注意的是綬帶鳥，又名壽帶，有時又稱一枝花。在香港可以見到的綬帶鳥共有九種，但停留在這裏直到冬天才走的只有一種，那便是外國人稱為樂園捕蟲鳥的一種綬帶。牠們黑頭黑冠，胸部赭黃色，嘴和眼圈卻是淺藍色的。身體僅有三寸長，可是雄鳥的尾羽有時卻可以長至十六寸，就是雌鳥的尾羽也長三四寸。拖着長尾巴在樹叢裏跳來跳去，是本月份在香港開始出現的最美麗的一種小鳥。

黃脊鴒也是在春末經過島上的鳥類客人之一。牠們共有三種，有灰黃和白臉的分別。留在這裏不走的是黃脊鴒。牠們不似綬帶那樣，終日在樹枝裏上下飛舞，而是喜歡飛到地上來覓食，尤其是秧田裏。牠們走路時喜歡將尾巴一翹一翹的上下翹動。全身青灰色，可是眼上有一條黑眉毛，老遠就能看得清，所以稱為黃脊鴒。

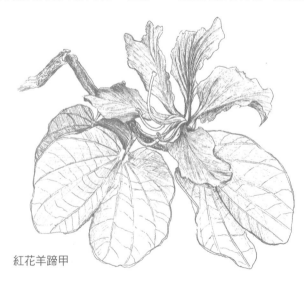

紅花羊蹄甲

黃鶺鴒

◆ 本篇所述桐樹為大戟科植物木油桐（*Vernicia montana*），蠟燭樹可能為大戟科的植物白楸（*Mallotus paniculatus*）。在香港稱為洋紫荊的豆科植物，在中國大陸的名稱為紅花羊蹄甲（*Bauhinia blakeana*）。大影樹為豆科植物鳳凰木（*Delonix regia*）；壽帶鳥指的是王鶲科的壽帶鳥（*Terpsiphone paradisi*）；黃脊鴒為鶺鴒科的黃鶺鴒（*Motacilla flava*），雄性黃灰色，雌性白灰色。此外香港常見的還有白鶺鴒（*Motacilla alba*）和灰鶺鴒（*Motacilla cinerea*），作者可能將這三種鳥類混為了一種。

貓頭鷹

　　住在香港市區的人，沒有機會能聽得見貓頭鷹叫，可是，如果住在新界鄉下或是香港半山區以上，尤其是在薄扶林一帶林木密茂的區域，夜晚時常會聽到屋外傳來一種「嗚嚕嚕，嗚嚕嚕」的怪聲，使人聽了毛髮悚然，這便是貓頭鷹在叫了。

　　貓頭鷹是晝伏夜出的。白天裏睡覺，夜幕既降，牠便拍拍翅膀，霎一霎那一對圓而且大的眼睛，這樣「嗚嚕嚕，嗚嚕嚕」的叫幾聲，準備飛出去覓食了。貓頭鷹的叫聲有多種，有時會像病人或是像老牛的呻吟，有時又會發出一連串的格格怪笑聲，響徹夜空。

　　棲息在香港島上和新界一帶的貓頭鷹，共有十種之多。不過種類雖多，牠們本身卻不常被人見到。這一來因為貓頭鷹是過夜生活的，白天不易見到，二來種類雖有十種，但這只是就歷來鳥類學家在香港曾經見過者而言，其中有半數都是偶然從內地飛入香港境內，住了幾天又飛走的。

　　香港常見的幾種貓頭鷹，其中一種是錫蘭產的棕色吃魚貓頭鷹，牠們喜歡在薄扶林水塘的山上做巢。另一種被稱為鷲種的貓頭鷹，棲息在新界的山上，從廣東直至雲南境內都可以見得到。還有一種日本種的小貓頭鷹，牠們遍佈於中國東南沿海一帶，因此香港境內也有牠們的蹤跡。

　　香港最多的貓頭鷹，是一種被稱為赤腳項上有圈環的貓頭鷹，

從雲南四川直至廣東都有。這種貓頭鷹不很大，約九寸至十寸長。叫聲好悽惻。我們常聽到的「嗚嚕嚕」的叫聲，多數是牠們所發出的。

貓頭鷹多數喜歡在大樹洞內做巢，但有時也會利用喜鵲的舊巢產卵。貓頭鷹的主要食料是老鼠，有時也捕食小鳥。錫蘭種的吃魚貓頭鷹便喜歡吃魚蝦和蟹類。赤腳貓頭鷹則喜歡捕食昆蟲。

貓頭鷹的名譽向來不大好。這大約因為牠的樣子古怪，叫起來難聽，又是晝伏夜出的，所以遂有許多關於牠的古怪的傳說。中國從前稱貓頭鷹為梟，說牠是不孝之鳥，子食其母，將母鳥吃剩了一個頭掛在樹上，所以稱殺頭為梟首；又說梟鳴是死人的預兆。這都是不經之談。

領角鴞

◆ 錫蘭為斯里蘭卡的舊稱，那裡產的棕色吃魚貓頭鷹為鴟鴞科的褐魚鴞（*Ketupa zeylonensis*），現已比較稀有。文中提到被稱為鷲種的貓頭鷹可能為雕鴞（*Bubo bubo*）；日本種的小貓頭鷹可能為領角鴞（*Otus bakkamoena*）；赤腳項上有圈環的貓頭鷹可能為斑頭鵂鶹（*Glaucidium cuculoides*）。由於棲息地的破壞和人類的濫捕，現存的貓頭鷹（鴞形目）鳥類均為國家二級保護動物。

斑頭鵂鶹

山狗和水獺

香港人在重陽節去拜山，你可以聽見他們這時會提起一個在平時少提起的名詞：山狗。

他們所説的山狗，是人而不是狗。有時指負責巡查山林的園丁，有時指出沒墳場盜竊花木物件甚或掘墓的歹徒，有時又指打掃墳山的土工。除了對歹徒，山狗這名詞實在太不妥。特別在江浙一帶，對於打掃祖墳山地的鄉下人，是尊之為「墳親家」的。

但是香港山上卻有真的山狗。牠們不是普通的野狗，也不是流浪山野的喪家之犬，而是近於狼的被稱為 dhole 的動物，一般人稱牠們為紅毛狗。這種野狗，據説在印度很多，牠們能夠集體攻擊老虎。描寫印度風物著名的英國小説家吉卜林，就曾有一篇題名《紅毛狗》的短篇描寫牠們的生活。香港的紅毛狗當然沒有印度那麼多，但新界一帶卻偶然會有這種東西出沒。牠們的模樣頗似本地人稱為中國種狼狗的那種大黃狗，毛色黃得近紅，腳很短。牠們喜歡吃海邊的小蟹和死魚，因為，在夜裏時常三四隻一群走到海邊來覓食，過去曾有人在啟德機場見到過。此外，青山、大帽山、九龍山，都曾經發現過牠們的蹤跡。香港島上則從未見過。

紅毛狗顯然不同於由家犬流浪山頭而成的野狗。《廣東通志》云：「韶州有赤狗，穴居，吠則不祥。」所指的就是牠們。廣東少狼，赤狗就替代了狼的位置，但牠們並不像狼那麼兇惡。

水獺在香港是屬於被保護的小動物之一，是不許人捉捕的。事實上，水獺皮雖然很值錢，在香港卻不容易捉得到，因為牠們現在已經很少，白晝又喜歡躲在洞裏不出來，所以根本連見也不容易見到的。舊説香港島南赤柱淺水灣一帶有很多水獺，近年已經很少見了。現在還有水獺的地方，是大嶼山和元朗后海灣一帶，但也只有住在海濱的人才有機會見得到。

　　水獺雖然以魚為食，但牠們卻住在岸邊的洞裏而不住在水裏，小水獺甚至不會游水，要像人一樣慢慢地才學會，因此動物學家説牠們水居生活的歷史一定很短。

　　中國對於水獺有許多古怪的傳説，説牠們能成精作怪，濱水人家的婦女害怕水獺，正如城市人家害怕狐狸一樣，原因就因為相信牠們能迷人。又説獺終年捕魚，每年要祭魚一次，《月令》上有「孟春之月，魚上冰，獺祭魚」的記載。據説獺祭魚時將魚排列岸邊如陳列俎豆那樣，因此，古人嘲笑寫文章的人找了許多書放在手邊來亂抄一通，為「獺祭」。

豺

水獺

◆ 山狗即犬科的亞洲豺犬（*Cuon alpinus*），別名豺、豺狗、紅狼、紅毛狗，而今已被已被列為 IUCN 的瀕危物種以及國家二級保護動物。分佈在香港的水獺為鼬科的歐亞水獺（*Lutra lutra*），已列入國家一級保護動物。

害蟲的天堂

　　香港有許多美麗的徽號：東方之珠，帝國皇冠上的寶石，民主櫥窗，人間天堂，走私者的樂園……這已經不少了。可是昨天看書，忽然發現香港還有一個別名，雖然不大冠冕，卻是我以前從未聽到過的。我一向自負「淵博」，這一來才發覺自己實在很鄙陋，現在提起筆來還覺得臉紅哩。

　　這個別名是一位英國生物學家給香港題的。他是香港大學醫學院的生物學教授，喜歡研究昆蟲，尤其是對人類有害的害蟲。他說香港害蟲之多和大家對牠們放任不管的情形，實在令人驚異。他認為照這情形看來，香港實在毫無問題可以稱為「害蟲的天堂」。

　　對於香港害蟲之多，他舉出蟑螂、白蟻、蚊蟲、蒼蠅、木虱為例。他說他初到香港來授課時，有一天想找幾隻木虱來做試驗標本。拿了兩隻玻璃管交給大學堂的「苦力」，吩咐他們給他捉幾隻木虱來。第二天苦力交還玻璃管給他，兩隻玻璃管裏裝得滿滿的都是木虱，他說那情形比他想像中的整個香港殖民地所有的木虱還要多，而他們還說只是隨手從床上捉來的。

　　對於蒼蠅之多，他舉出長洲和大埔墟兩個地方為例。他說這是新界清潔程度最好的兩個地方，可是只要看看街邊賣的鹹魚豬肉和甘蔗上面的蒼蠅的情形，他說如果有人能數得清楚，他真可以不經考試就給他一個數學學分。

香港的蚊蟲本來很有名，因此瘧疾也有名。跑馬地快活谷和赤柱墳場裏的那些十九世紀五十年代的墳墓，墓中人十有八九是香港瘧疾的犧牲者。當時英國人提起香港就搖頭，有句俗話說：You go to Hong Kong for me，意思是說：「如果派我到香港去，請你去埋我個份。」就因為當年香港的蚊蟲和瘧疾太厲害。香港的蚊蟲現在雖然比從前少得多了，但是夜裏耳邊有時仍然可以聽到嗡嗡聲，而且簡直一年四季都有。這位生物學教授提出了一個滅蚊的好辦法，他勸港英當局飼養蜻蜓，因為蜻蜓是喜歡吃蚊蟲的。他說這方法比改建溝渠省錢得多了。

對於蟑螂和白蟻，他認為目前還沒有簡單有效的撲滅方法。他提議港英當局撥款聘請昆蟲專家來研究對策。

我不知官方對他的建議反響如何。看樣子好像很冷淡，因為至今不見報上有「從倫敦聘請研究撲滅香港害蟲專家抵港」的消息出現。因此，如有人在民主櫥窗裏發現有蒼蠅或木虱，切不必大驚小怪，因為這裏同時還是「害蟲的天堂」呀。

麻蠅

木虱為害的樹葉

◆ 木虱是半翅目木虱科的一類昆蟲，多為害木本植物。短角亞目蠅科的昆蟲俗稱蒼蠅，多以腐敗有機物為食，有些種類可以傳播疾病，為衛生害蟲。

從鱷魚談到爬蟲類

　　香港中環有一座著名的茶廳被稱為「鱷魚潭」，可是我們所見到的只是兩腳鱷魚，很少有機會見過一條真的四腳鱷魚的。這並非由於韓文公的力量，靠了他的一篇大文將鱷魚從潮州一直驅逐到南洋去了，而是因為香港一帶的海濱近年根本沒有鱷魚。據本地人的解釋，鱷魚與鯊魚是勢不兩立的，香港海外不時有鯊魚出現，因此鱷魚都避到別處去了。只有在一九一二年，香港曾偶然發現過一條鱷魚，此後便一直不曾再有過了。但在生物史上，廣東三角洲一帶在過去是有鱷魚棲息過的。

　　鱷魚在動物分類上是屬於爬蟲類的。爬蟲類的動物一共包括四大類：即龜、蛇、蜥蜴和鱷魚。本港所出產的爬蟲類動物，除了鱷魚少見之外，其他三類都相當豐富。香港出產的烏龜共有十種，其中海龜僅有一種，其餘都是淡水龜，最常見的就是本地人稱為金錢龜的一種。龜類的肉很好吃，本地人不僅吃水魚，也吃一般的烏龜。吃烏龜不比吃狗肉，法律是不干涉的，因此，你在街市上隨時可以買得到金錢龜和水魚。水魚也是龜之一種，不過香港市上所賣的水魚，大都是從廣西運來的。

　　香港出產的蛇，共有二十九種，另外還有兩種海蛇。

　　香港處於亞熱帶，因此，出產的蜥蜴類爬蟲也很豐富，共有十六種。其中包括我們常見的鹽蛇，也就是外江人稱為壁虎的那種

小生物。牠們共有五種，在屋內屋外，樹上牆上，甚至床上都可以見得到。在冬天，牠們大都躲到牆縫和板縫裏冬眠去了。

被一般人稱為蛇郎中的那種長尾蜥蜴，香港出產的也有七八種之多。有兩種顏色特別漂亮，全身綠色，背上還有四條較深的翠綠紋。牠們約有七八寸長，夏天喜歡躲在沙石上曬太陽，小的比大的顏色更美麗。

香港另出產一種大蜥蜴，俗呼蛤蚧蛇，牠們可以頭尾長至三尺，形貌很可怕，時常被人誤當作是鱷魚。可是不常見，新界粉嶺和香港島上的赤柱都有人捉到過。山頂上似乎也有牠們的蹤跡，因為多年以前曾給登山纜車在軌道上壓死過一條，一九三〇年又有人在盧押道捉到過一條。牠們全身青黑色，身上有淡黃色的斑點或條紋。牠們以蛙類為主要的食料。那樣子雖然可怕，很像小鱷魚，其實嘴裏卻是連牙齒都沒有的。

黑疣大壁虎

金錢龜（三線閉殼龜）

◆ 本篇中提到的香港海龜為海龜科的綠海龜（*Chelonia mydas*），已瀕臨絕種。全身綠色有四條較深的翠綠紋的可能是蜥蜴科的南草蜥（*Takydromus sexlineatus*）。蛤蚧蛇是壁虎科的黑疣大壁虎（*Gekko reevesii*）。

香港的茶花

　　本地人慣稱茶樓酒家女招待為茶花。雖然將女性比作花該是一種美譽吧，但過去本地人的這種稱謂，卻是多少含有一種輕薄的。不過我現在所要講的香港茶花，卻是真正的茶花，是香港特產的山茶科植物之一。

　　山茶有紅白兩種。香港的白山茶花多是盆栽的，野生的很少，而且花也少。新界大帽山頂有野生的茶樹，生在三千尺的高處，花開得小而密，它們就是著名的雲霧茶。

　　紅山茶在香港除了園栽的以外，還有野生的。這是香港特產的野花之一，它們是灌木，可以高至二丈至四丈，花是大紅色的，盛開時每朵直徑有兩寸，正中有黃色的花蕊。那樣子雖然比不上雲南特產的雙瓣山茶那麼富麗，但在香港卻已經是頗足觀賞的一種野生花木了。它們從十一月底開始先後開花，可以一直繼續至次年的三月。

　　野生的紅山茶在香港已經有很多年的歷史。一八四九年到香港來搜集植物標本的艾利氏，就已經注意到這美麗的紅色花樹。他當時僅見到有三株，地點當在今日干德道的上面。次年，更著名的植物學家張比翁氏來港，則說僅能找到兩棵。但是相隔百餘年之後，今日香港山上的野生紅山茶花已很普遍。在跑馬地的山上可以見得到，薄扶林道的兩旁也有。在山頂纜車站近旁的盧吉道上，也有一

棵很高大的，這幾天正開着滿樹的紅花。在舊鴨巴甸道的頂上更多，那裏差不多有五六十棵生在一起。這種花在香港也是受保護野生花木法令保護的，所以能夠愈長愈多了。這種紅山茶，一般通稱為「香港茶」。

紅山茶不僅花美麗，它的葉子也很可愛。山茶的葉子本是有蠟光的。紅山茶的新葉，像吊鐘花葉子一樣，映着日光，能閃出許多美麗的顏色，從油綠、蔚藍，以至深紫。

在年宵的花市上，也有紅山茶出售，它們多數是盆栽的。價錢並不便宜，但因為這是木本的花木，買回去可以開花很久，而且若是照料得宜，它在下一季還會繼續開花的，所以倒值得一買。

香港紅山茶

◆ 本篇提到的為山茶科的香港紅山茶（*Camellia hongkongensis*），又名香港茶，1849 年發現於香港扯旗山，花期為 12 月至翌年 2 月。

香港的茶花

山豬和箭豬

　　野豬，俗名山豬，香港的山上沒有，可是新界則很多，這因為南中國一帶的野豬本來是很多的。牠們是一種極兇猛可怕的動物，嘴上有一對獠牙伸出唇外，下面的一對有時向上反挑，這是用來挖掘泥土和植物根株的。山豬的衝擊力很大，咬人也極厲害。給牠咬了一口，或是被牠的獠牙戳了一下，往往能夠致命。因此不僅獵人怕牠，就是獵狗也怕牠。據說山豬的嗅覺極靈敏，視覺也極敏銳，奔跑迅速。牠又有一見火光和響聲便立刻衝刺過來的習慣，因此，老於打獵的人時常告誡同伴，見了山豬萬不能從正面開槍，否則被牠依着火光衝過來；萬一逃避不及，那就要吃大虧了。

　　一隻普通的大山豬，可以重至三百磅以上。新界的大帽山、馬鞍山、西貢、沙頭角、大埔一帶的山林中，都有牠們的蹤跡。牠們是晝伏夜出的。一到黑夜，時常成群結隊的出現，能夠一夜之間將整塊田地毀爛，因此，對於農作物的害處很大。可是因了生性兇猛，便不像黃麖那麼容易對付。

　　打山豬是鄉下人認為最興奮的一件事，這尤其因為山豬肉最好吃，在野味中可以說得上是珍品。

　　箭豬雖與山豬同名為豬，牠其實不是豬，倒與老鼠、野兔、松鼠等是同宗。本地人有時很古怪地又稱牠們為魚豬。書上則慣稱為豪豬。

箭豬的外表像刺蝟，但比刺蝟大得多，有二三尺長，而且嘴也沒有那麼尖。身上的「箭」則比刺蝟的又長又剛勁。這種箭非常尖銳，尖端和根上是白色的，中間則是黑白相間的。箭的長短不一，普通有七八寸長，最長的可以長至十七英寸。

　　箭豬在香港山上和新界都很多，牠們也是晝伏夜出的，時常在夜裏偷進果園和菜地偷吃果實和菜蔬嫩葉，牠們能將整棵的木瓜樹咬倒。

　　箭豬行動時或是發起威來，能使得身上的箭嘩啦作響。本地人傳說老鼠最怕箭豬，因為箭豬喜歡將尾巴伸進老鼠洞裏去搖動作響，老鼠聞聲鑽出來察看，便給箭豬的尾巴戳破了鼻子。甚至獵狗也不敢惹箭豬，聽見了牠的響聲便跑開。

豪豬

野豬

◆ 山豬即豬科的野豬（*Sus scrofa*），家豬
即由野豬馴化而來。野豬體型粗壯，頭大四
肢短粗，雄性有一對可作為武器的獠牙；箭
豬即豪豬，和老鼠一樣屬於嚙齒目，香港的
豪豬種類為馬來豪豬（*Hystrix brachyura*），
身披硬刺。

蠔和蠔田

　　近來報紙上時常有男變女、女變男的新聞，認為是現代的奇跡。其實，在生物界裏，男變女、女變男，或是亦男亦女，實在是家常便飯。就拿廣東人最愛吃的蠔來說，這小生物在一年之中，就要從雌變成雄，然後又從雄變雌好幾次。

　　蠔是有世界聲譽的美食。對於生蠔的嗜好，歐洲人比我們中國人更甚，歐洲的法國和英國都是以產蠔著名的，甚至古羅馬人就已經懂得吃生蠔，視為珍味之一。在羅馬帝國末年，荒淫的富豪們的奢侈宴會，每年就不知要消耗多少由奴隸們向大西洋沿海用冰車運來的生蠔。

　　廣東人對於生蠔，除了冬天打邊爐和酥炸生吃以外，還懂得生曬製成蠔豉，又能夠提取蠔汁的精華，製成著名的蠔油。

　　廣東產蠔的地方，以中山的唐家灣最著名，其次便要數到毗連香港的寶安了。中山的蠔，就是澳門蠔油的主要來源，但曬成的蠔豉，則沙井比中山更有名，因此，香港海味店裏賣的蠔豉，總是以「沙井蠔豉」來標榜。

　　香港新界的大埔海、元朗、后海灣，從前都是寶安轄境，因此，這些地方至今仍以產蠔著名。蠔雖是天生的，但今日我們所吃的蠔，多數都是由人工種殖的。種蠔的地方稱為蠔田，最理想的地點是鹹淡水交界的海濱和小河口。今日我們只要到元朗去，就可以見到后

海灣的蠔田。

　　蠔田為廣東濱海居民利藪之一。廣東濱海的田地，除了有鹽田沙田之外，還有更古怪的「浮田」和「沉田」。浮田是指種植水蕹菜的田，因為種植水蕹菜的方法，是用竹片結成藤筏一樣的東西，使它浮在水面，蕹菜就附着在上面。實際上是沒有田的，所以稱為浮田。種蠔的地方則稱為沉田，因為蠔和蜆一樣，都是養在水底泥灘中的，水面上根本看不見什麼，也沒有界限，所以稱為沉田。

蠔田

採蠔

沉田雖看不出界限，然而各有各的範圍。因為這是海濱居民終年衣食所寄，絕對不容他人侵越。從前鄉下人時常發生械鬥，有時就是為爭奪蠔田蜆塘而起。

人工種蠔的方法，乃是從母塘中將附有蠔卵的磚塊，移到新塘內，使牠繁殖。《新安縣志》云：

> 蠔出合瀾海中及白鶴灘，土人分地種之，曰蠔田。其法燒石令紅，投之海中，蠔輒生石上。或以蠔房投海中種之，一房一肉，潮長房開以取食，潮退房闔以自固。

新界的蠔田，多在鹹淡水交界的海邊或河口。因為這是養蠔最理想的地點。蠔田的底要砂石作底，同時還要雜有一些污泥。沒有污泥，蠔便不容易肥，但是污泥太深了，對於蠔的繁殖又有妨礙。蠔怕風又怕日光，因此，蠔田的方向最好能避風。翻江倒海的颱風，對於蠔田是最大的損失，水太淺了使塘底的蠔直接暴露在太陽光下也不行。新界的養蠔人經常將磚瓦、陶器的碎片以及空蠔殼倒入田底。這是蠔的最好的「家」。他們將磚塊火燒紅了然後投入，說是容易生蠔。我以為這作用是殺死附在磚石上的其他寄生物的幼卵，以便蠔產卵其上，不受侵害，自然更容易繁殖。蠔可以有八年至十年的生命，養了五年，採起來的蠔，最為肥美。

蠔是很嬌貴的生物，牠們怕風怕日光，又怕潮水和雨水。新界的養蠔人最怕連綿不歇的傾盆大雨，因為雨水一時落得太多，使蠔田裏的水立刻變了質，會促成蠔的重大死亡。此外，蠔田裏又出產一種螺一樣的小蟲，牠們能分泌一種毒液使蠔麻痺死亡，是蠔的最大的敵人。海邊還有一種魚名叫鷹頭魚，牠們也是專門以蠔為食料的。海星也是蠔的對頭，牠們能抱住蠔殼，用吸力使它張開，然後捲食裏面的蠔肉。

採蠔的方法很別致，他們用一種像泥橇一樣的工具，形狀如一個上字，是用一橫一直兩根木頭構成的。他們一隻腳跪在橫木上，手扶着直木；另一隻腳踏在水中，這樣在海濱泥灘上如飛的滑行。海濱居民稱這工作為打蠔。打蠔的多是婦女，廣東民歌中有一種打蠔歌，便是在海濱打蠔時唱的。

蠔有大小，小的不堪供食用的蠔，在香港海邊隨處可見，附生在礁石上甚至碼頭木樁上的那些灰白色的碎石一樣的東西，就是小的蠔房，蠔是互相連結生在一起的，所以稱為蠔房，古時又稱蠣房。牠們能隨着潮水的漲落來開閉。蠔殼非常堅利，在海邊游水很容易給蠔殼劃破腳底或是擦傷皮膚，就為了它們堅硬不易破碎。廣東許多地方都用成塊的蠔殼調了石灰來砌牆，不僅經濟耐用，太陽照起來還閃出珠光，非常美麗。

本地既然出產又肥又大的生蠔，可是卻不喜歡像歐洲人那樣將牠們生吃的原因，據説乃是因為認為蠔性寒，不宜生吃。不過，在生蠔上市的時候，為食街和大笪地街邊的酥炸生蠔，一毫可以有兩隻，實在是最為大眾益食家所歡迎的美味。筆者雖然不是老饕，有時也幾乎很難抵禦那香氣的誘惑。

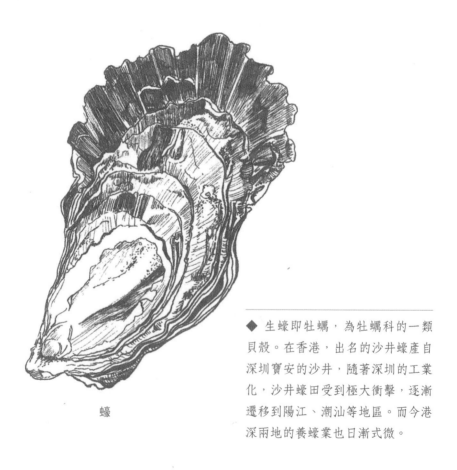

蠔

◆ 生蠔即牡蠣，為牡蠣科的一類貝殼。在香港，出名的沙井蠔產自深圳寶安的沙井，隨著深圳的工業化，沙井蠔田受到極大衝擊，逐漸遷移到陽江、潮汕等地區。而今港深兩地的養蠔業也日漸式微。

藍鵲 —— 香港最美麗的野鳥

　　藍鵲，一名山鵲，這是香港出產的最美麗的一種野鳥，俗名長尾升。我找不出在《爾雅》之類的中國書上該叫作什麼名字。有人說該叫「鶯」，但這是山雀而不是山鵲，而且身體很小，所以決不是牠。又有人說該叫「鷽」，即《爾雅》上所說的「卑居」。這雖是烏鴉屬，多少有一點近似，但是沒有那美麗的長尾巴。中國舊時的讀書人雖注重格物，但是關於鳥獸蟲魚之名，就一直是這樣弄得人一頭霧水。

　　藍鵲不愧是香港出產的最美麗的野鳥。牠的身體很大，長至二十三英寸至二十五英寸，另外還有一根可以長至十五英寸的尾巴。牠的嘴和腳爪是朱紅色的。頭上黑帶寶藍色，頭頂上是帶紫的珠灰色，胸前黑色，背上是紫灰，雙翅是明亮的寶藍色，長長的尾羽黯藍色，在尖端上還鑲着白邊。這種鳥喜歡成群結隊的飛，時常十餘隻在一起，牠們不喜歡平地，因此，只有到香港半山區以上的山上才有機會可以見得到。

　　藍鵲性情愛活動，群居在一起時便互相追逐遊戲。牠們飛行的姿勢是滑翔式的，翅膀不輕易拍動，因此，在山上的大榕樹上或是山坡的松林頂上，見到一大群藍鵲拖着長尾巴忽上忽下這樣的滑翔飛行時，實在是一種眼福。

　　藍鵲雖是香港最美麗的鳥，美中不足的是牠們的名譽不很好。

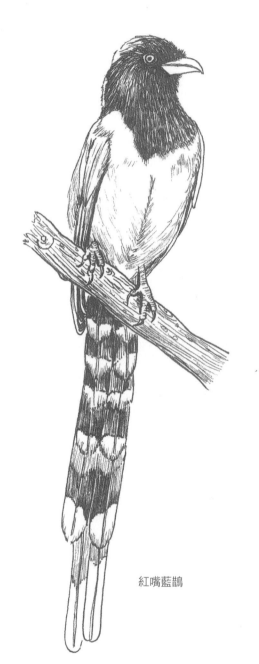

紅嘴藍鵲

因為這種鳥性情愛活動，又好群居，在春天的時候時常成群結隊的往來各樹林間，搜尋其他鳥類的窠巢。牠們不僅啄食鳥巢中的卵，連已經孵出來的小鳥也要加以殘殺，所以性情是很殘忍暴戾的。牠們搜尋的工夫很周到，因此，一年被摧殘的小鳥不知有多少。因了牠們太美麗，許多愛鳥的人都對這種不法的行為加以寬恕，然而牠們的名譽終不免蒙上了玷污。

藍鵲雖然喜歡啄食其他鳥類的小鳥和鳥卵，差幸牠對於人類還有一點小功勞可以將功贖罪。那就是牠是吃蛇的能手，無論是飯鏟頭、金腳帶、過山風、青竹蛇，不論有毒無毒，一切蛇類遇見了藍鵲就很難逃命。就為了這點小功勞，港英當局將牠列入被保護的野鳥之列，不許隨意捕殺。

香港山間的藍鵲很多，九龍新界比較少見。你若是在傍晚的時候，到花園道或薄扶林道以上的山徑裏散步，只要稍為留意，便可以有機會見到這種香港最美的野鳥，成群結隊的在樹梢上往來飛翔。

紅嘴藍鵲

◆ 本篇中的藍鵲為鴉科的紅嘴藍鵲
（*Urocissa erythrorhyncha*），體長約 55
厘米，紅嘴藍羽，腹部白色。

香港蚊蟲的現在和過去

東方朔的蚊蟲謎語説：

> 長喙細身，晝亡夜存，嗜肉惡煙，為指掌所捫。

這謎語若以香港的蚊蟲為對象，就未免有點不恰當。因為香港的蚊蟲不僅白晝也出來咬人，牠們簡直是一年四季都在活動的。

今日香港雖然仍舊有不少蚊蟲，但就蚊蟲本身來説，已經成為強弩之末了。因為在早年的香港，蚊蟲曾經是當年那些最初的殖民地開拓者的最大敵人。黃泥涌道的山上是最初被當作理想住宅區的，可是山下水田裏所滋生的蚊蟲，使得住在那裏的人多數直着走進屋去，卻要橫着被抬出來。後來趕緊將所有的水田和溪流填沒（這就是今日跑馬地的前身），但是今日快活谷裏仍留着島上最舊的墳場遺跡。赤柱原本是重要的駐軍區，可是駐在黃麻角一帶的軍隊的死亡率之高，使得當局趕緊將軍營中心從赤柱搬到西環（這就是西營盤這名稱的由來），然後又從西環搬到今日的瑪麗兵房一帶。但是你如到赤柱墳場去看看那些一八五〇年時前後墓碑的題記，墓中人十九是當年駐防赤柱的兵士，就可以知道當年的死亡率之高。而這一切都是香港蚊蟲的成績。

甚至後來修築水塘，並且已經有了對付瘧疾的奎寧，可是無數

工人仍成了瘧疾的犧牲者。據說當年香港人有一種荒唐的迷信，認為吃了奎寧便會斷種不能生子，因此，患瘧疾的建築水塘的泥工和石工，寧可捱着等死，也不肯吃老番的「發冷丸」。後來聽説由一位姓馬的醫生，想出了折衷辦法，將奎寧粉攪和飯焦，搓成中式的藥丸，騙他們説是中國藥材製煉的藥丸，他們才肯服用。這才遏止了瘧疾的猖獗。

　　蚊蟲不僅能傳染瘧疾，牠們還能傳播好幾種其他的熱症，又能將病菌從野獸的身上帶到人類的身上。本來體內沒有病菌的蚊蟲，若是吸了病人的血液，也會在自己體內滋生病菌再傳播開來。香港對於蚊蟲的研究，總算是花了不少工夫的。有一種傳播熱病的蚊蟲，甚至是用一位醫官的名字來命名的。香港共有六七種蚊蟲之多，有大有小，據說最可怕的是停下來尾尖向上翹的一種小蚊，牠們是傳播瘧疾的，被稱為「華南瘧蚊」。

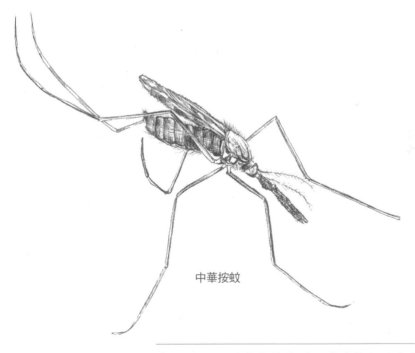

中華按蚊

　◆ 蚊子即蚊科生物的統稱，香港的蚊子有七十多種。傳播疾病的蚊子主要有伊蚊、庫蚊、按蚊（瘧蚊）等屬的雌蚊，雄蚊以植物汁液為食，不吸血。本篇中提到的華南瘧蚊為微小按蚊（*Anopheles minimus*）。

荔枝蟬，荔枝蟲

　　又到了荔枝快上市的時候了。每逢荔枝上市的時候，廣東就有一種小蟬，全身青綠色，在樹上滋滋地長叫着。這種小蟬不一定棲在荔枝樹上，就是別的樹上也有，因為是同荔枝一齊上市的，所以呼為荔枝蟬。我們現在從樹間所聽到的音調尖狹，沒有普通大蟬叫聲那麼寬大舒徐的，便是荔枝蟬的鳴聲了。

　　這種小蟬，古名為蟪，以別於普通的大蟬。大蟬俗稱馬蟬，就是古書上所說的蜩，小蟬則名為蟪。《詩經·衛風》，「蟪首蛾眉」，用來形容女性的漂亮。據註解《詩經》的人說：「蟪，雌蟧之小而綠色者，其額廣而方，故〈碩人〉詩曰，蟪首蛾眉，言碩人之美也。古之選女者，非特取其蛾描靡曼，必合之法相，所謂角犀豐盈。蟪首者，即角犀豐盈之謂也。」

　　但我以為古代用「蟪首」來形容女人額角天庭的廣闊，而且認為漂亮，不僅是依據相法，可能還與當時流行的髮式服飾有關。古代婦人所梳的雙鬟，在額角左右高高的隆起兩隻圓角，那風致實在像是蟬頭上突出的一對眼睛。這種情形，我們一看唐朝的土俑或漢墓磚畫像中的舞俑樂伎的髮式，就不難想像得出。

　　廣東的荔枝樹上，另有一種小蟲，是荔枝的害蟲，俗名石背。據說石背的背部堅硬如石，故名石背。這種小蟲不是吃荔枝果而吃荔枝花。冬天產子在荔枝葉底下，荔枝開花的時候，石背也孵化出

來，牠們就以荔枝花蕊為食。吃了花蕊，荔枝便無法結實，所以是荔枝樹的害蟲。石背蟲的溺沾染在花蒂上，一經雨水沖開，也能使全枝的花都萎謝，所以種荔枝的人見到石背便頭痛。據說這種蟲福建比廣東更多。福建的荔枝比不上廣東，也許是受了這種小蟲的害處吧。除了石背之外，荔枝樹上還有一種害蟲，像是蜜蜂，全身黃色，名為黃蟲，牠最喜歡吃荔枝葉。吃了濃黑的荔枝葉就全身變綠，不是黃蟲而是青蟲了。

　　荔枝是要每年將多餘的枝椏斬伐一批的，這樣則使來年的荔枝結實更肥更密。這種砍除下來的荔枝樹枝幹，運到香港來賣，便是有名的荔枝柴，結實乾燥耐燃，火力極強，敲起來清脆有聲，是木柴中的上貨。

荔枝蝽

◆ 荔枝蟬可能為蟬科的綠草蟬（*Mogannia hebes*），體型小，呈黃綠色。荔枝蟲為荔蝽科的荔枝蝽（*Tessaratoma papillosa*），俗稱臭屁蟲，吸食植物汁液，主要為害荔枝、龍眼等植物。

香港的馬騮和駱駝

　　在香港見到馬騮不難。從前新界沙田有座猴子林和馬騮山，那裏的馬騮成群，可以結隊出來遮道向人乞食。這盛況曾一度消失，近年又可以再見到了。此外我們從前又可以在較僻靜的街道上偶爾見到走江湖的馬騮戲，有的還附有綿羊和小黑狗。這是最雛形最原始的中國雜技團，走遍整個中國隨處都可以遇見的。他們都是山東人，兩個人或三個人組成一班。以前在香港時常可以見到，但後來忽然說他們「虐畜」，一連拘控了幾次，而且要遞解出境，從此就少見了。前幾年我還有機會又見到一班，不知從什麼地方來的，他們稱為猴戲團，猴子戴的面具和服裝都很講究，領班的牽着猴子一面打鑼，一面口裏唱着「來呀來，包龍圖來到了開封府，夜斷陰來日斷陽」，猴子便戴起了黑面具和紗帽翻觔斗，使得孩子們看了歡喜得了不得。

　　他們都是山東幫。不知怎樣，本地人卻一向說他們是江西人，因此，遂有了「江西佬打死馬騮」那句俗説。這是説人無法善後之意，真不知是從哪裏胡纏出來的。

　　在香港見到馬騮不難，可是要見到駱駝可真難了。我在這裏住了這許多年，就從未見過，而且我懷疑香港炎熱的氣候是否適宜於那個溫純淳厚的善良動物。可是在香港歷史上，據説卻是有過一匹駱駝的。這是早年香港的一個掌故，我不敢保證它的真實性，只好姑妄聽之，姑妄言之了。

　　這個駱駝的掌故是與今日登山纜車有關的。據説當纜車未敷設以前，山頂與山下的交通極為不便，山頂人跡罕至，因此景色也就特別幽靜。有一位

獼猴

外國富商愛上了這氣氛，便在山頂建築了一座別墅，一個人過着寂靜的遠離
塵囂的舒適生活。至於每天上下及傳遞日用物件之勞，他則飼養了一匹駱駝
代步，誰也不知道這個南中國少見的大動物是從哪裏得來的。這個富商這樣
過着離群獨居的生活很久，直到一八八八年，山頂纜車建築完成，正式通車，
任何人都可以花費極少的時間來到山頂，欣賞山上優美的景色。那個富商覺
得纜車通了以後，他的幽靜生活被破壞了，這不啻是他的末日，於是便忿而
離開了山頂，離開了香港。

　　這個掌故見香港一家西書店在戰前出版的一冊「香港指南」一類的小冊
子，編者是索爾比克。我不曾在任何其他關於香港的著作中見過相同的記
載，因此無法查出他的根據，並且他也不曾寫出這個怪癖富商的姓名，以及
那匹駱駝的來歷和後來的下落。但想到香港居然有過駱駝，這總算得是一個
有趣的掌故。

◆　香港的馬騮即猴科的獼猴（Macaca mulatta）。

香港的馬騮和駱駝

海參的故事

　　參鮑翅肚，是四種主要的名貴海味，為酒家筵席上不可少的原料；就是一般人家請客，有時也要用到這幾件東西，尤其在過新年和春節請客，必然也要預備這一類的海味。不過，在這方面，本地人和外江佬的風俗習尚則有一點不同。本地人對於筵席，以翅席為最上，一盆紅燒大裙翅，僅是這一樣菜的代價就要在百元以上；他們對於海參則是看在鮑魚甚至魚肚之下的。但在外江人眼中則不然，尤其在北方，他們看海參便比魚翅名貴多了。最上等的筵席是用燕席，用燕窩銀耳做主菜，其次便是海參，魚翅反而是不重要的。就因為這原因，在本港開設的北方館子所製的魚翅，時常受到本地食家的冷言譏笑。認為不是「劍拔弩張」，便是一塌糊塗。這誠然是事實。但說到海參，則北方館子用大海碗裝的紅燒海參、蝦圓海參，論滋味和火候，則即使以廣東人用海參製的「烏龍吐珠」名菜來比較，也不免甘拜下風了。

　　海參雖是中國人慣吃的海味，但像魚翅鮑魚一樣，從前都是從國外輸入的。其實中國山東煙台一帶也有海參出產，不過產量不多，而且形體較小罷了。本地人看重的花白「豬婆參」，北方人用慣的黑色大刺參，都是從日本、南洋、澳洲甚至墨西哥運來的。

　　我們見慣的海參，都是海味店裏的海參乾。很少人見過新鮮海參或活的海參。其實，本港海裏也有海參出產，而且不少，在香港

南部多礁石的海濱，如赤柱半島等處，時常可以捉得到活海參，尤其在退潮的時候，牠們大批留在淺水或巖石縫裏。本港出產的是一種黑色小刺參，約五六寸長，曬乾起來大約僅有一兩寸而已。所謂刺，其實是海參的腳或吸盤而已。

海參是海星海膽一樣的海中棘皮科動物。中國舊時的方物志上名牠為「沙噀」，為「戚車」，說牠的形狀類男陰，認為是補品。又說漁人釣海參時，要將男孩脫光了身體沉入海中，然後任海參一一吸在他的身上。這真是胡說。

其實，海參倒有一點奇怪的特點，為一般人所不知道的。這乃是牠的駭人的古怪的自衛方法。海參身上沒有武器，每逢海中其他生物向牠進攻時，牠便先縮緊了自己的身體，再將尾部收縮，然後突然一放，將自己的呼吸器官和腹內的若干器官一齊射出來。這些東西含有乳狀的漿液，像是一棵小樹，又像是一陣煙幕，將敵人嚇退，然後海參便慢慢地走開，牠並不要收回自己噴出來的腹內器官，牠是隨時可以重新再生一副出來的。試想，若是一個人一張口能夠噴出他的心肝五臟，將敵人嚇退，自己卻掉頭不顧而去，這將是一種怎樣駭人而且有效的退敵武器。

海參

◆ 海參是海參綱棘皮動物的統稱，香港約有二十多種海參。

西洋菜

　　到香港來得不久的外江人，大都不認識西洋菜，而且也不會喜歡吃西洋菜，甚至不肯吃西洋菜。但是我奉勸不肯對西洋菜下箸的人不妨一試。且不說本地人對於它的醫學效能所作的種種推崇，僅是將它當作一種普通的菜蔬來吃，也是值得一試的。不過，一個外江佬如果想對西洋菜有胃口，甚而進一步像本地人一樣對它嗜食而有好感，看樣子也要在這「天堂」熬上四、五年才有這資格。

　　西洋菜有水旱兩種，本港是用水種的居多，即種在五、六寸深的水田內，任它蔓延，然後摘取較嫩的枝葉出售，割了之後它又可以繼續生長。因此西洋菜在香港幾乎是四時不斷的，但最肥美的是從初冬到春末。

　　為了上好的「白骨西洋菜」要用水種，水田自然不免滋生蚊蚋，早幾年就為了這個問題使得本港的菜農和衛生局一再發生交涉。衛生局為了撲滅市內的蚊蟲，禁止九龍的菜農用水田種西洋菜，而菜農也因為衣食所關，並且歷來都是用水田種植西洋菜的，自然不肯罷休。後來一再請願和遞呈文，總算將禁種的區域縮小了才告一段落。現在市上出售的西洋菜已經有許多是旱種的，但旱種的總不及水種的肥嫩。

　　西洋菜最好的吃法，是用瘦豬肉或鴨腎來燉湯，將西洋菜燉成黃黑色，然後連菜連湯一起吃。本港的小飲食店裏有一味「西洋菜

鮮陳腎湯」，是用鮮鴨腎和鴨腎乾與西洋菜同燉，有的還要加上桂圓肉。那滋味實在不錯。除了燉湯以外，西洋菜還可以用來生炒和滾湯。外國人也有用它來拌沙律的。就是在這冬天「打邊爐」，也有人將西洋菜同生菜茼蒿菜一起放在滾湯燙一燙就吃。

顧名思義，西洋菜是來自西洋的。本地人慣稱葡萄牙為西洋，西洋菜雖非傳自葡萄牙，但香港的西洋菜首先移植自澳門，則大約是事實。因為澳門在明末就已經成為葡萄牙的殖民地了。九龍有一條西洋菜街，就因為那一帶從前多是西洋菜田，現在則一天一天遷到市外遠處去了。

有一個故事，説西洋菜是由一個患病的船員從一座無人的孤島上移植來的，因為這個人患肺病，一人留在島上，吃了這種野生的「水草」居然不死，後來便將它移植到澳門，所以名為西洋菜。這個故事恐怕只是「故事」而已。至少在英國鄉下，已久已有人用水田種植西洋菜，他們稱之為 Watercress，視為可供生吃的蔬菜之一。

西洋菜

◆ 西洋菜為十字花科的豆瓣菜（*Nasturtium officinale*），又名水田芥、豆瓣菜，喜生水中，常見於水溝邊、山澗河邊、沼澤地或水田中。

西洋菜

香港的野鳥

俗語説「天下烏鴉一般黑」，可是鳥類學家告訴我們，世上的烏鴉有二十多種。就是香港這樣彈丸之地，也有三種以上不同的烏鴉。但是對於一般人是無須知道這樣精密的分類的，我們只要知道那種全身是烏黑，叫起來呱呱討人厭的東西是烏鴉就已經足夠了。對於其他的鳥類，可説也是這樣。

香港的野鳥，已經給鳥類學家記錄過的，有二百三十多種，常見的則有二百種左右。若是再加上偶然路過香港的候鳥，據説總數會有二百八十五種。即使包括新界在內，香港的面積並不算大，能有這樣多種類的野鳥，對於愛鳥者可説是一個樂園。

香港能有機會見到這樣多種野鳥的原因，是由於香港在地理位置上所佔的優勢。因為除了常年棲息在本港區域內的鳥類以外，還有從中國大陸北方到香港來過冬的候鳥，牠們在秋天南來，到了春天便遷回北方去。又有從南方菲律賓、馬來半島、印度、緬甸等處來港避暑的候鳥，牠們到春天遷來，在香港過夏天，到了秋天又飛回南邊去。此外還有秋季從北到南，春天從南到北的大批候鳥，牠們萬里長征，路過香港一帶時，大都要停下來休息數日，補充糧食，然後再繼續牠們的旅程。因此在香港的秋天或春天，時常可以突然見到大批平日本港少見的鳥類，可是隔了一兩天又會突然不見了，這些便是過境的旅客。同時，因了候鳥遷移的路線雖有一定，但南

飛和北歸的途徑有時並不相間。在秋天經過香港飛往南方的候鳥，到了春天並不一定仍經過香港北上；相反的，秋天不曾經過這裏的候鳥，到了春天北上時倒會在這裏停下來休息，因此，這使得香港可能有機會見到的各種野鳥更多了。

香港的鳥類雖有二百多種，但我們平常抬頭常見到的，除了天空的麻鷹和門前的麻雀以外，便要數到白頭翁、高冠雀（一名高髻管）和俗名「紅屎窟」的一種了。此外，在林木較盛的地方，也隨時可以見到山伯勞和七姊妹。還有那黑黑的「豬屎渣」，不過牠喜歡平地，不喜歡高山，因此在香港的山上不大有機會能見到牠們。

觀察香港鳥類的理想地點，不在本港島上而在新界。新界的屏山林村谷，以及通達粉嶺的公路兩旁和大帽山麓，都是觀察野鳥最理想的地點。你若是愛好觀察鳥類，又略具一點鳥類分類學的常識，並且手邊帶着一架望遠鏡，偷暇到上述的地點去盤桓一天，包你的紀錄簿上會滿載而歸。據說有人曾經在屏山一帶一天見過六十九種不同野鳥的紀錄。

五十年代的香港新界林村

棕背伯勞

黑臉噪鶥

◆ 白頭翁、高冠雀、紅屎窟分別為鶇科的鳥類白頭鶇（*Pycnonotus sinensis*）、紅耳鶇（*P. jocosus*）、白喉紅臀鶇（*P. aurigaster*）。山伯勞為伯勞科的棕背伯勞（*Lanius schach*）；七姊妹為畫眉科的黑臉噪鶥（*Garrulax perspicillatus*）；豬屎渣為鶇科的鵲鴝（*Copsychus saularis*）。

白頭鶇

紅耳鶇

呢喃雙燕

　　雖然從來不曾見過有人用籠子養着一隻燕子，可是我們對燕子素來有好感，從不肯傷害牠。就在香港這樣的地方，搭木屋的人被控住霸王屋，在街邊做生意的小販被控阻街。可是就在堂堂的皇后大道上，燕子就在那家規模很大的百貨公司屋簷做巢，從不聽見屋主向牠收租，也不見有人將牠們驅逐，可見大家對燕子的好感。其實，燕子從來就不怕人，而且牠向來一視同仁，在雕樑畫棟上結巢也在鄉下人茅屋的簷下做巢。詩人說「舊時王謝堂前燕，飛入尋常百姓家」，好像很對他們的身世變遷表示感慨，其實是自作聰明。因為燕子今年在他家裏做巢，完全出於自己的選擇，從來不受勢利觀念支配的。

　　香港所見到的燕子，和內地所見到的燕子一樣，都是所謂東方種普通家燕。牠們背上鐵青色、黑頭、白腹、頷下有一塊橙黃色，尾巴分成兩叉，飛起來非常迅速，能夠貼近水面或地面兩三寸突然掠過，像是一架表演的噴射機。

　　除了普通家燕以外，香港偶然也可以見到日本種的斑腹燕以及西伯利亞家燕。這兩種都是路過這裏的候鳥，牠們在三四月間經過這裏北上，會在香港停留下來一兩天，然後再繼續北上。日本斑腹燕是在中國齊魯以上的沿海區域，以至東三省和日本本土結巢哺雛的，但西伯利亞家燕則要繼續北飛西伯利亞區域才肯住下來。

香港的家燕，約在每年二月中旬就從南方飛來，停留在這裏過夏天。然後從九月開始，又漸漸南遷，大約到十月底便全部離開香港。但有時在十一月裏，也偶然會在香港見到一兩隻燕子，這大約為了特別事故才延遲行期的。好像王爾德的那篇著名童話《幸福王子》裏所描寫的一段，為了照料一個生病的窮孩子，這隻燕子便犧牲牠的假期了。

　　燕子在二月中旬來到香港以後，便開始找地方結巢，有的修補去年的舊巢，有的另結新巢。在四月初就開始產卵，到了五月下半月，多數的燕子巢內已經有小燕子探出頭來了。

　　燕子除了到地面上喇取泥土作築巢的材料外，牠們平時是從不肯歇到地上來的。因此燕子雖然飛行輕捷，可是走路卻蹣跚難看，這是不大運用腳的結果。牠們在飛行中捉捕飛蟲，用嘴也不用腳。

　　燕子不會歌唱，牠們在一起只是唧唧喳喳的叫。本地的撈家會說一種切音的隱語，彼此之間通消息，外人聽不懂，他們就稱這種隱語為「燕子話」。

◆ 本篇所指的是燕科的家燕（*Hirundo rustica*），在香港屬於夏候鳥，喜歡在建築物下築巢，由雌雄鳥共同飼餵幼鳥。

家燕

禾蟲和禾蟲癮

提到禾蟲，對於廣府人是無須什麼解釋的，因為多數人一定吃過禾蟲，而且一定喜歡吃，提起禾蟲就眉飛色舞。就是少數不吃禾蟲的，也一定聽慣了別人對於禾蟲滋味的稱讚。但是對於外江人，要想向他解釋禾蟲這東西就不容易，如想說服他嚐一嚐禾蟲的味道那就更難，因為他一見了禾蟲的形狀也許就要作嘔的。不過，在香港根本沒有辦法吃得到禾蟲，因為禾蟲在香港是被認為形狀醜惡而又不衛生，是像狗肉一樣禁止出售的。

是的，將狗肉的嗜好比作禾蟲的嗜好，也許有幾分近似，但是事實上禾蟲比狗肉更珍貴，因為牠的出產有季節性，不是一年四季隨地都有的，而且提到滋味，我想許多人也一定認為禾蟲的滋味更好。廣東人雖然嗜食狗肉，我還沒有聽見過有嗜狗上癮者，可是對於禾蟲，卻有「禾蟲癮」這一名詞，並且還有「禾蟲過了恨唔返」這句成語。因為禾蟲僅在早稻晚熟的時候才有，而且上市的時候不多，一過了造真是搵都無處搵的。因此愛吃禾蟲的人，一到禾蟲上市，就爭取時間去過「禾蟲癮」，決不肯執輸，否則季節一過「恨都恨唔返」了。

所謂禾蟲，是生在稻田水裏的一種像蚯蚓一樣的小蟲，形狀有如蚯蚓，顏色或青或紅，蠕蠕而動，那樣子實在不甚美觀。廣東人嗜食禾蟲的歷史，似乎已經很久了，因為明末廣東大詩人屈翁山的《廣東新語》，其中已經盛讚禾蟲的滋味，並稱鄉下有禾蟲阜，為地主惡霸爭持侵奪的目標。他說：

夏暑雨，禾中蒸鬱而生蟲，或稻根腐而生蟲，稻根色黃，禾蟲者稻根所化，故色黃，大者如筋許，長至丈，節節有口，生青熟紅黃。霜降前，禾熟則蟲亦熟，以初一二及十五六，乘大潮斷節而出，浮游田上，網取之，得醋則白漿自出，以白米泔濾過，蒸為膏，甘美益人，蓋得稻之精華者也。其醃為脯作醢醬者，則貧者之食也。

禾蟲阜，是指採集禾蟲的地點：

　　江兩岸其名曰阜，阜有主，爭者輒訟，與繒門白蜆塘，皆土豪所私以為利者也。漁業有浮實。乘潮掇取，若棹艇往來，浮業也；繒門禾蟲阜之類，實業也。廣州邊海諸邑，其漁而實業者，盡入豪家，利役貧民，而不佐公家之賦，所在皆然。

　　禾蟲要吃新鮮的，但市上也有禾蟲乾出售，可以燉來吃；不過比新鮮的，滋味自然差得遠了。

　　廣東人吃禾蟲最標準的食譜，是將用清水漂濾過的新鮮禾蟲，放在碗裏像調雞蛋一樣將牠調成糊狀，然後再加入雞蛋同調，調至起泡並且蟲蛋不分了，再加入切碎的大蒜頭、欖角、胡椒粉、豬油等，一同放在飯鍋上或隔水去蒸，蒸熟了就可以吃。吃的時候，有人還要加上檸檬葉絲、花生碎等，藉以增加香味。據說，蒸禾蟲最要多用大蒜頭，否則吃了容易肚痛。香港從前本來是不禁止賣禾蟲的，後來因為到醫院裏醫肚痛的人多數都是說吃了禾蟲的，因此港英當局就認為禾蟲不潔，從此禁止販賣。可是廣東人卻認為禾蟲產自禾田，是米稻的精華，雖然其形不雅，本身卻非常乾淨，並且富於維他命 B，是醫腳氣病的良藥。所以，一到每年早晚兩造禾稻將成之際，南、番、順各地有禾蟲癮的人，無不把握時機，吃一個痛快的。

禾蟲的價錢並不便宜，因為不僅上市的時間短，就是產地也有限制，並非所有的稻田都出禾蟲的。上海和北方的稻田固然沒有，就是新界一帶的稻田也沒有，牠乃是南海番禺一帶鄉下的特產。禾蟲初上市時，從中山經過澳門運到香港的走私貨，在橫街小巷掩掩藏藏地出售時，每斤要索價兩三元哩。可是在廣州，賣禾蟲的卻用淺水盆挑了沿街叫賣。

禾蟲是廣東地道的風物，不僅有口皆碑，而且有詩為證。廣東鄉土詩人詠禾蟲的很多。南海黃廷彪《惜陰軒吟草》卷二〈見食禾蟲有感〉七律云：

> 一截一截又一截，生於田隴長於禾；秋風鱸鱠尋常美，
> 暑月鮂魚亦遜他；庖製味甘真上品，調來火候貴中和；五候
> 佳饌何曾識，讓與農家鼓腹歌。

所謂「一截一截又一截」者，俗傳禾蟲自稻根乘潮水初漲浮出時，隨出隨斷，所以長短不一，因此俗有「禾蟲命」的諺語。因為每一條禾蟲的長短，都沒有一定，斷得長就長，斷得短即短也。

順德詩人張錦芳，他的逃虛閣詩，其中也有一首詠禾蟲的七古，刻劃頗為精到，佳句有云：

> 沮洳何自孕異種，竅示蚯蚓尤深烏，水田蕃滋陸田少，
> 於眾生內為濕生；年年首夏及秋仲，嘉禾未熟漿先成。潛藏
> 有時出有節，朔望潮長連鷗汀……蜿蜒隴底尺有咫，出軏寸
> 斷無全形。湧波微帶石管綠，映日又類魚尾頳……

對於禾蟲的形色和牠乘潮斷續而出的特性，這幾句詩可說描寫得非常扼要。至於所謂「嘉禾未熟漿先成」，是說禾蟲的美味全在牠體內的漿液。所以市上雖有禾蟲乾出售，但因為失去漿液，因此也就遠遜新鮮的禾蟲了。

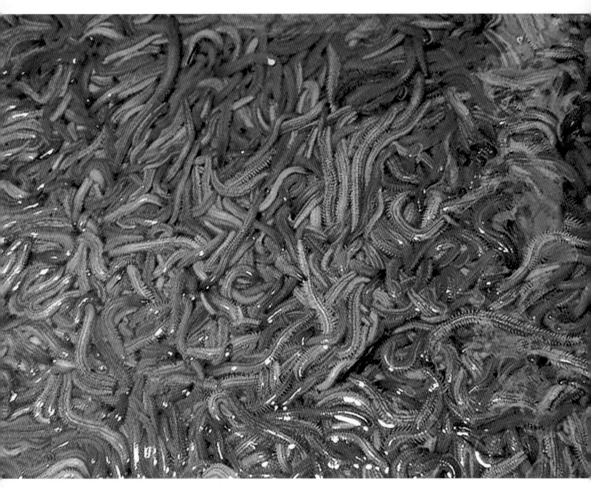

禾蟲

◆ 禾蟲是疣吻沙蠶（*Tylorrhynchus
heterochaeta*）的俗稱，屬於沙蠶科，
秋季多於水稻田取食水稻根部，故名
禾蟲，主要分佈在珠江三角洲。

薑之種種

　　對於薑的重視，全中國沒有一處地方能比得上廣東，而事實上廣東所出產的薑，又肥又嫩，也不是任何其他地方所能比得上的。廣東薑自古就已有名，稱之為粵薑。古史稱妹嬉嗜珍味，食必南海之薑，可見南方出產的薑馳名已久。廣東產薑最多的地方是新興一帶，有山薑和田薑之分。田薑比山薑更肥嫩，所以有「在田薑多腴，在山薑多辣」的俗諺。夏天子薑上市時，塊塊肥大如手掌，尖上帶着胭脂色的嫩芽，無論用來煮仁麵，或是炒鴨片，甚或用糖醋製成酸薑，滋味爽口，開胃提神，決不是在別處地方所能吃得到的。

　　廣東的產婦要吃甘醋煮薑，也是別處所沒有的風俗。產婦一生產後便要吃醋煮的薑，有時還要加入豬腳和雞蛋，煮成一大煲一大煲的來吃，不僅自己吃，還要分贈親友。香港的幾家公立產科醫院是向來不許產婦產後吃薑醋的，但是本地人向來相信薑醋對於產婦的作用很大，不僅有滋補收斂的功能，而且能去瘀血，往往掩掩藏藏地送到醫院裏給產婦去吃，時常為了這問題同女護士爭吵衝突起來，可說是香港特有的一種現象。

　　因為養了孩子要吃薑，所以本地人孩子彌月請客，不曰湯餅之會而稱薑酌，於是清明回家拜山乘便養兒子，也就稱為「種薑」了。甚至煮薑的醋也稱為「添丁甜醋」。

　　《廣東新語》記粵中產婦吃薑醋的風俗道：

粵俗，凡婦娠，先以老醋煮薑，或以蔗糖芝麻煮，以罌貯之。既產，則以薑醋薦祖餉親戚。婦之外家亦或以薑酒來助，名曰薑酒之會。故問人生子，輒曰薑酒香未？薑中多母薑則香，多子薑則否。陳白沙有詩：隔舍風吹薑酒香。

廣東薑有多種，有野生的猴薑，有黃薑，出在番禺。將黃薑磨成粉，可以作製造線香的原料，又可以用來染龍眼。黃薑粉可以防蠹，我們平日所吃的桂圓（即龍眼乾），殼上黃黃的顏色，便是用黃薑粉染的。本地人有時甚至用它來攙和別種香料，冒充咖喱粉。

另有一種高良薑，一名紅豆蔻，所開的花，比普通薑花更美麗，一穗一穗地垂下來，白中帶粉紅，像是一串串的「番鬼蒲萄」。

用子薑加工醃製成的糖薑，是香港有名的特產之一。香港人自己雖不常吃它，可是外國卻非常愛吃，因此成為香港主要的一種出口貨。糖薑原本是普通的涼果，舊時都是由內地的醬園和涼果廠就地製造的。自從在國外有了市場以後，為了適合外銷的種種限制條件，香港才漸漸成為糖薑業的製造中心，但原料仍要仰給於內地。在戰前糖薑外銷的全盛時代，每年要採用生薑六七萬擔，全年的數字達千餘萬元之鉅。但近年糖薑已經走下坡了，原因是美國禁止進口，英國人的購買力薄弱，香港糖薑出口商雖然努力在歐洲大陸比利時、荷蘭等國開拓新市場，但營業僅得往年的兩三成了。

英國人非常愛食糖薑，他們是香港糖薑的最大主顧。據說自維多利亞女王以來，英國皇室和貴族中人就一向是糖薑的愛好者。不過，糖薑雖是香港的出品，但原料必定要採用廣東北江和西江一帶出產的子薑，然後始夠肥嫩，而且咬起來沒有絲紐。香港曾經有一時期想自己種植田薑，在新界花了許多錢試種，結果成績非常不好，後來只好放棄了。

香港人自己雖很少吃糖薑，但其實這是在中國行之已久的一種小吃，古稱蜜薑。曾經駐錫新界青山的六朝名僧杯渡禪師，當時就已經嗜食蜜薑。《高僧傳》云：

南州陳家頗有衣食，杯渡住其家，甚見迎奉，陳設一盒蜜薑，及刀子薰陸香等伺渡，渡即食蜜薑都盡。

　　除了蜜薑之外，古時還有糟薑。方回詩云，「糟薑三盞酒，柏燭一甌茶。」想是下酒妙品，可惜現在不見通行了。

　　香港人雖不喜食糖薑，卻喜歡吃酸薑。酸薑也是要用嫩的子薑製成的。這是價廉物美的大眾食品，在夏天子薑上市的時候，幾乎通街都是。現在雖然物價貴，但一毫子仍可以買到幾塊，不比糖薑一經裝到假古董的瓷罐子裏以後，就顯得高不可攀的樣子。

　　因了酸薑是大眾食品，街邊賣酸薑的總是用竹籤一塊一塊的戳着，以便顧客隨時選購，看中了哪一塊便戳起來往嘴裏一送，隨手就拋掉了竹籤。因了這舉動既普遍而又別致，於是遂出現了「酸薑竹」這句俗話。這是指專門玩弄女性的都市下流男子的，其用意相當於上海人所謂「牙籤大少」。

　　本地人將生薑應用在俗話上的，還有一句「酸薑蕎」，這是歇後語。「當心你的酸薑蕎」就是當心你的頭。另有一句是「本地薑唔辣」，這是瞧不起自己人或本地出產品之意。不過，香港人不吃本地的名產糖薑，卻並非因為本地薑唔辣，而是因為這種「本地薑」太甜又太貴也。

薑

◆ 本篇提到的生薑是多年生草本植物薑科薑屬植物薑（*Zingiber officinale*）的新鮮根莖。高良薑（*Alpinia officinarum*）屬於薑科山薑屬；黃薑指的是薑科薑黃屬的植物薑黃（*Curcuma longa*）。

高良薑

香港方物志

閩粵荔枝之爭

　　古今詩人詠荔枝的詩，無慮千千萬萬，但我覺得寫得最風趣的，終要算蘇東坡《食荔枝》的那首七絕。美中不足的是他的立場是外江佬而不是本地人而已。詩云：

　　　　羅浮山下四時春，盧橘楊梅次第新；日啖荔枝三百顆，不辭長作嶺南人。

　　荔枝是廣東的特產，當然以本地出產的最有名。可是從前福建人對於荔品的高低，一向有點爭執，認為福建的荔枝比廣東好。著名的蔡君謨的《荔枝譜》，便說天下的荔枝，以閩中為第一，蜀州次之，嶺南為下。他說廣南所產的荔枝，早熟而肉薄，味甘酸，連福建中下等的也比不上。蔡君謨和蘇東坡同是宋朝人，一個為了吃荔枝寧願貶官作廣東人，一個卻根本瞧不起廣東荔枝，說連比四川的都比不上。這種不同的評價，若不是口味嗜好不同，便不免是近視眼看匾，難怪屈大均忿忿地說：

　　　　以予論之，粵中所產掛綠，斯其最矣。福州佳者，尚未敵嶺南之黑葉，而蔡君謨譜乃云，廣南州郡所出精好者，僅比東閩之下等，是亦鄉曲之論也。

這種爭執的由來，我以為大約由於廣東和福建都出產荔枝，但是從前交通不便，荔枝本身採下來又容易變味腐爛，大家都沒有機會嘗到別處出產的新鮮荔枝，自然總以為自己家鄉出產的最好，因為至少總新鮮得多了。至於福建與廣東的荔枝，究竟哪一省出產的最好，則我根本沒有吃過福建的荔枝，也沒有機會見過「掛綠」，所以，根本沒有論列的資格。我的口味倒與蘇東坡相彷彿，只要有荔枝可吃，就是家鄉也可以置之腦後了。

香港最早上市的荔枝，多數是所謂玉荷包。這種早出的荔枝，本地人吃的不多，光顧的多是外江佬，尤其是新來的外江佬，吃得津津有味，以為這就是廣東有名的荔枝了，本地人卻站在一旁竊笑。其實這也難怪。因為「北方」根本不出荔枝，生平所見所吃的荔枝，若不是荔枝乾，便是罐頭荔枝，現在一旦有機會吃到成枝的新鮮荔枝，自然精粗不計了。

從前外省人不僅沒有機會吃到廣東的新鮮荔枝，就是見過荔枝樹的人也很少，因此，《爾雅》和《果木志》之類的書上所附的插繪，總是將荔枝樹畫得光怪陸離，簡直不知所謂。就是一般外省畫家所畫的荔枝圖，造形敷色，也與實物相差很遠，最好的也只能畫出一顆顆紫黑色的「荔枝乾」而已。今猶如此，這也難怪蔡君謨等對於閩粵荔枝的品第發生爭執了。

荔枝

◆ 荔枝（*Litchi chinensis*）為無患子科植物，原產於中國南部，甘甜味美，但含果糖量高，不宜大量食用。

竹和筍

我喜歡看竹，也喜歡吃筍。

嶺南的竹，雖然種類多，而且用途也大，可是在觀賞上，卻遠不及江南的竹。要想看到像西湖靈隱韜光那樣萬竿修竹、琳瑯幽翠的風景，住在香港多年未曾回到祖國去的人，只有向夢寐中尋求。至於說到筍，在這春天，固然在街市上見不到竹筍、雞嘴筍、尖尖的春筍，就是上海店裏賣的冬筍，也是從福建來的。市上長年所賣的，盡是那種大而無當、終日泡在水裏、帶着一種那話兒味道的酸毛筍。嶺南的筍味苦，屈大均在《廣東新語》裏就早已說過。他說：

> 嶺南筍不如江浙，以其地火房少霜雪，火炎上，故筍味多苦。蓋竹冬生之草，生於冬體，得一陽初復之氣，其時火足於地中，雷以火足而動，故竹以火足而萌。萌得火氣之先，故味苦。其稍甜者，惟油筒竹筍名龍芽，及甜竹、筆竹、貓竹、筋竹、蘿竹五種筍耳。凡竹有雌雄，第一節岐枝者雌，雌者多筍，是曰孕筍。有思摩竹，甚高大，筍生於節，筍成竹已及春，筍復生節。節之筍七，根之筍三，節節有筍，期年遂成大叢，然其筍絕不可食。

竹的形態，普通可以分成兩種，一種是逐桿單生的，一種是叢

生的。香港所見到的竹，多數是後一種，幾十桿甚至幾百桿叢生在一起，不要說不能成林，就是清風也不易穿得過，因此，在香港是無法「日暮倚修竹」的。何況有些竹的桿上還生着刺。

這種叢生在一起的竹，本地人稱為青皮竹，竹節的距離很長，竹桿很細，可以種在一起替代牆籬。更有一種名山單竹，桿細，葉子特別密茂，也是一叢生在一起，看起來像是一棵細葉的棕櫚樹。

竹不僅會開花，也能結子，但一般人向來迷信「竹樹開花」是一種不吉的預兆。竹子是像稻穗一樣的，成熟後也可以種到土裏，不過很難發芽。一般種竹的方法多是插枝，但更方便的方法是連根掘起來移植，因為這樣立刻就可以得到已經長成的竹叢。種竹是應該在雨天的。農書上說：「種竹無期，雨過便移」；本地人也說：「正月竹，二月木」，也是因為春天雨水多的原故。

嶺南的竹，經濟價值很大，從前廣州嶺南大學農場就有實驗竹園，專門種植各種的竹，以供改良試驗用途。農民和漁民的主要工具都是用竹編製成的，尤其是撐船所用的竹篙，要瘦長而有彈力，這是用水竹製成的，也是嶺南的特產。廣東又出產一種細竹，是釣魚用的最理想的釣桿，每年輸出國外很多。

青皮竹

竹筍

◆ 竹子為禾本科竹亞科竹族
植物的統稱，主要分佈在亞
太地區。青皮竹（*Bambusa
textilis*）屬於禾本科簕竹屬，
山單竹可能為同屬的粉單竹
（*Bambusa chungii*）。

琵琶魚 —— 魔鬼魚

琵琶魚，因了牠的雙鰭特別發達，看起來好像一隻展開雙翅的大鷹，因此古稱鷂魚。漁人則稱牠們為鯆魚，俗稱琵琶魚。又因了牠的大小和身上的特點不同，本地漁人對牠又有許多古怪的俗稱，如花點、黃鯆、長鷹、黑肉長鷹和紅嘴鷹等等。

這是熱帶海中出產的一種怪魚。小的僅有一兩尺闊，但大的卻可以闊至四五丈。西印度群島海中出產一種大琵琶魚，西人稱為「魔鬼魚」。每一條可以重至四噸，牠們能挺直了雙鰭，憑空跳出水面，然後再「啪」的一聲落下來，用牠們那幾噸重幾丈闊扁成一片的身體打着海面，發出炮一樣的砰然巨響，使人聽了驚心動魄。難怪從前的漁人見了牠便害怕，稱牠們為魔鬼魚。

香港海面時常有魔鬼魚出現，島南的赤柱一帶海面尤多，有時甚至會從鯉魚門游進中環海面。這裏所見到的魔鬼魚，雖沒有西印度群島出產的那樣大，但通常也有四五尺闊乃至丈餘闊，牠們成群的互相追逐，跳出水面，然後拍着海水劈拍的巨響，使漁人和艇家見了極為害怕。俗傳這種魚能吃人，其實是不會的。牠們身體雖然大，但是嘴小，而且牙齒不發達，僅能吞食小魚蝦。

被稱為花點和黃鯆的琵琶魚，牠們除了形狀古怪之外，還生着一條像馬鞭一樣的長尾，可以長至五六尺。尾根和魚身銜接處又生着一排巨刺，這種刺形如鋸齒，極為鋒利，並且刺尖能排泄毒液，

若是不慎給牠刺了一下，傷口會發炎，極為腫痛，甚至能致死。所以本港漁人捉到花點以後，總是先趕緊割下牠的尾刺拋入海中，以防發生意外。

在大埔和赤柱的魚市場上，時常有機會可以看見到大琵琶魚。我在赤柱曾見過一條，是漁船從海外拖回來的，據說身闊一丈七尺，厚二尺半，尾長五尺半，重一千五百磅。這是一條魚姆。肚裏剖開來還有三條小琵琶魚，每條已經有兩尺闊，七磅重。

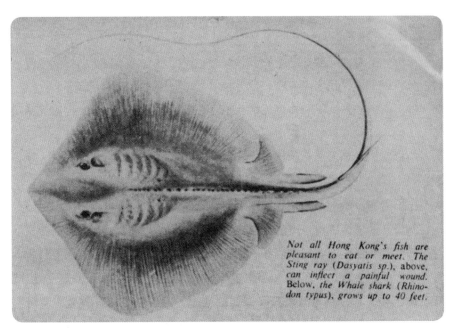

魔鬼魚（一九六七年《香港年報》）

◆　有幾類魚都被稱為魔鬼魚，本篇指的是魟科的魚，香港常見的是黃土魟（*Dasyatis bennettii*），又稱黃鯆，魟科的魚尾部有劇毒的棘刺，被刺傷輕則疼痛，重則致命。

香港的蝴蝶

　　蝴蝶是香港的名產之一。香港的蝴蝶在世界自然科學史上所佔的地位，也許比香港商業在世界商業史上所佔的地位更為重要。

　　據有名的寇沙氏的《香港與東南中國的蝴蝶》（英文本）一書的目錄所載，香港出產的蝴蝶，已經著錄的有一百四十二種之多。為了使讀者明瞭這個數字在蝴蝶種類上所佔的比數的龐大，我們不妨將英倫三島所出產的蝴蝶數字來對比一下。據說，英倫三島所出產的蝴蝶，全部僅有六十八種，其中還有十一種是由歐洲大陸飛往別地暫時過境停留的。以香港面積之小，卻有一百四十二種，這確是可以值得誇耀的。

　　香港有一個地方名叫蝴蝶谷。顧名思義，這地方當然以多蝴蝶著名。其實，除了蝴蝶谷以外，香港各處的山坳，如大學堂一帶、旭龢道以下，以及寶珊道一帶，都是近市區而最多蝴蝶的地方。此外如沿薄扶林道而至瑪麗醫院，凡是草木茂盛而又少風的地方，都是蝴蝶喜歡逗留的地點。離島如大嶼山舶寮洲，也盛產蝴蝶。不過，在香港如要看蝴蝶，當然最好還是到蝴蝶谷去。

　　蝴蝶谷原在九龍荔枝角的背後，以前乘青山道的巴士下車後，經路旁的小路向北沿山進行，就可以到達。這是港九學生時常集體旅行野餐的地點，也是觀察和搜集蝴蝶標本最理想的地方。從前這個山谷的林木很密茂，尤多小松樹，和一種土名為「鴨腳樹」的矮樹，是蝴蝶蛹最喜歡棲息的植物，因此一旦孵化出來，就構成整千整萬蝴蝶繞樹紛飛的奇景。這種蝴蝶以黃翅的

粉蝶居多，所以看來一片金黃，使蝴蝶谷享了盛名。可惜近年拓展郊區，濫伐樹木，使得蝴蝶谷名存實亡，難復舊觀了。

　　各種蝴蝶的孵化時間早遲不同，舊時即使冬天到蝴蝶谷去，也有機會可以見到「蝴蝶陣」，其他草木茂盛而無風的山谷也是這樣。不過，當然比不上春天那樣多。

　　有些蝴蝶的生活活動範圍很有限定，因此有幾種在香港山頂上常見的小蝴蝶，在半山區以下就不易見到。山下最常見的大型燕尾蝶，也不大喜歡飛到一千尺以上的高處去。

香港的蝴蝶

　　◆ 香港約有二百五十種蝴蝶，本篇描述的蝴蝶谷現象是斑蝶科蝴蝶特有的，冬季聚集成大群在溫暖的山谷過冬，一路往南遷徙。在香港聚集的為紫斑蝶屬的蝴蝶。

蝴蝶谷

朝生暮死的蜉蝣

　　初夏的傍晚，從敞開的窗口時常會飛進一種小蜻蜓似的飛蟲，牠的身體翅膀頭角幾乎完全同蜻蜓一樣，全身褐黃色，所不同者只是尾尖拖着三根長長的細鬚。這種被外國人稱為「五月之蠅」的小生物，就是我們古人著作中一再提到的蜉蝣。

　　《詩經・曹風》：「蜉蝣之羽，衣裳楚楚；蜉蝣之翼，采采衣服。」《淮南子》：「蠶食而不飲，二十二日而化；蟬飲而不食，三十日而蛻；蜉蝣不食不飲，三日而死。」又說：「鶴壽千歲，以極其遊，蜉蝣朝生而暮死，盡其樂，蓋其旦暮為期，遠不過三日爾。」

　　古人對於蜉蝣，雖能把握到牠不飲不食朝生暮死的特性，可是向來注疏《毛詩》和《爾雅》的許多格物家，包括朱熹老子在內，一提到牠的形狀，便像廣東人所說的「搞唔掂」。有的說牠形似天牛而小，有甲角，出糞土中。有的說牠似甲蟲有角，大如指，長三四寸。有的說牠似蛣蜣而小，身狹而長，有角，黃黑色，下有翅能飛，夏天雨後發生糞土中……說來說去，都將牠當作是一種甲蟲。只有《本草綱目》的著者李時珍說得最好。因為他除了引述上列那一類的一貫陳說之後，突然附加了一筆：

　　　　或曰，蜉蝣水蟲也，狀似蠶蛾，朝生暮死。

蜉蝣的形狀雖與蠹蛾仍有若干距離，但蠹蛾似蝴蝶，蝴蝶和蜻蜓到底是相近的東西，而且知道牠是水蟲，總算已經搔着癢處了。

　　蜉蝣的生活史非常有趣，古人說牠不飲不食，朝生暮死。這已經將牠說得太長命了。事實上是，蜉蝣的生命僅有幾小時。然而在這幾小時內，要經過兩次蛻殼，練習飛行，戀愛，交尾，產卵，非常忙碌。生命過程雖短，卻十分充實。

　　蜉蝣的幼蟲在水中孵化以後，要在水中繼續生活一年至三年之久，始達成熟階段，然後爬到水面的草上，蛻殼變成蜉蝣。經過第一次蛻殼之後，接着又蛻第二次的殼，始能展翅高飛，於是就尋配偶，交尾產卵。這一切都在幾小時內完成，完成後就疲倦的停下來死亡。因了口腔不發達，在這花費了兩三年準備工作的幾小時生命中，忙忙碌碌，完全不飲不食。

　　香港出產的蜉蝣，據已經研究過的共有四種，兩種尾上是三根鬚的，其餘兩種僅有兩根，有一種的尾鬚最長，比牠的身體長達三倍。

蜉蝣

　　◆ 昆蟲綱蜉蝣目的昆蟲統稱蜉蝣，是最原始的有翅昆蟲，腹部末端有很長的尾鬚。稚蟲生活在潔淨的淡水裏，可存活 1-3 年，成蟲只有幾小時到幾天的壽命。

毒蛇的鑑別

　　香港境內出產的蛇，已經著錄者，共有二十九種。其中有六種是毒蛇。這裏面包括三種水蛇，都是無毒的淡水蛇，牠們的形狀與陸地的蛇並沒有什麼分別。另外海裏有兩種鹹水蛇，則是有毒的，被稱為海蛇。海蛇的特徵是尾部扁平，略作鰭狀，牠們的毒，可以比得上眼鏡蛇。但是非經十二分的挑撥，牠們是不咬人的。

　　二十九種陸地蛇類之中，竟有六種是有毒的，這等於在香港所出產或所遇到的蛇之中，每五條即有一條是毒蛇了。但是事實上並非如此。因為香港所出產的蛇，最常見的共有三種，牠們都是沒有毒的，其中如過樹榕和水律，牠們以老鼠為主要食料，消滅老鼠的效能比貓還要高，可說對於人類是有益的。

　　香港所出產的六種毒蛇是：銀腳帶、金腳帶、過山風、飯鏟頭、青竹蛇和珊瑚蛇。這六種毒蛇在香港都不算是常見的，其中最毒的銀腳帶更為少見。珊瑚蛇更是絕無僅有，只有飯鏟頭和青竹蛇在六種之中比較多一點，但牠們的毒都不能令人致命。

　　蛇的有毒無毒，是根據牠的嘴裏有無毒腺來斷定。有毒腺的蛇，嘴裏便有兩隻特別尖長的毒牙，牙尖有小孔，貫通毒腺，咬人時使從牙尖的小孔將毒液注入傷口。所以被蛇咬過的傷口，若是發現有兩個相距不遠的小孔，比其他的蛇牙所留下的傷痕為明顯，這一條蛇定是毒蛇。若是沒有毒牙，這條蛇就不是毒蛇。

香港常見的蛇多數不是毒蛇，而且最毒的銀腳帶又是難得遇見的，所以，香港的蛇患遠不如一般人想像中的那麼嚴重。但是香港到底是有毒蛇的，並且夏天又是蛇類最活動的季節，因此，香港有一種《香港蛇類有毒與無毒者鑑別圖說》，說明鑑別毒蛇的方法，以及被蛇咬了的初步救急手續。這種圖解教人鑑別毒蛇的方法，是根據蛇身鱗片的數目和位置，如某一處的鱗片特別大，或某一處有特殊標記者，即是毒蛇，否則就不是。這個方法雖然可靠，但只適用於觀察死蛇或研究蛇類之用，若是一般人猝然遇見一條蛇，或是不意被蛇咬了一口，這時再去數牠頭上或背上的鱗片，實在沒有這鎮靜本領，而且事實上也不可能。所以對付蛇的最好辦法，無論是有毒無毒，最好不去惹牠，若是不慎被蛇咬了，趕快去找醫生。並且最好把這條蛇捉到，因為這時正需要知道牠是否是毒蛇。而且抗蛇毒的血清，最特效的是分類的，某一種血清僅對某一種蛇毒有特效。

◆　本篇提到的海蛇為海蛇科的毒蛇（以前被分在眼鏡蛇科）——香港有六種海蛇，都是劇毒的種類。此外，本篇提到的另外五種毒蛇——銀腳帶、金腳帶、飯鏟頭、過山風、珊瑚蛇都是眼鏡蛇科的，分別指的是銀環蛇（*Bungarus multicinctus*）、金環蛇（*Bungarus fasciatus*）、中國眼鏡蛇（*Naja atra*）、眼鏡王蛇（*Ophiophagus hannah*）、麗紋蛇（*Calliophis macclellandi*）。最後提及的青竹蛇見 40 頁。

舟山眼鏡蛇

夏天的毒蛇

　　夏天是蛇類活動的季節，尤其是在夜晚。因此一到夏季，報上就時常有居民在睡夢中被蛇咬傷的新聞。這是因為多數的蛇都是怕光在白晝不活動的，可是一到黑夜，牠們就四出覓食。蛇的主要食料是老鼠和青蛙，牠們為了追捕老鼠，時常從外面爬入人家，人在睡夢中給蛇驚醒了，不免慌張起來；蛇為了自衛起見，就在這樣紛擾之中咬一口逃走，這就是為什麼有人時常會在夏夜給蛇咬傷的原因。

　　夏季走入人家的蛇，多數是飯鏟頭。這是港產的毒蛇之一，是屬於眼鏡蛇科的，牠們受了刺激或是興奮起來，就表現眼鏡蛇的特徵，將兩腮鼓出，那樣子就像一隻盛飯的大湯匙，所以俗稱為飯鏟頭。牠全身是黑色，烏油油的發光，所以又稱為烏肉蛇。這種蛇在香港很多，所幸牠非經十分挑撥，輕易不肯咬人，同時也不很長大，最長的不過四尺。

　　香港出產的毒蛇，共有六種。最毒的是銀腳帶，牠的全身黑白相間，像是從前人用來紮褲腳的腳帶，所以稱為銀腳帶，但也有人叫牠為銀角帶。還有一種全身黃黑相間，稱為金腳帶。還有兩種是前面剛提起過的飯鏟頭，以及一種行動極速的過山風，又名過山冤，因為這種毒蛇行動迅速，而且有些長得很長大，外國人稱牠為「眼鏡蛇王」，在山裏遇見了牠可要倒霉，所以俗名過山冤。第五種毒

蛇是一種青色的小蛇，即青竹蛇。這種小蛇最喜咬人，因為牠全身青綠色，又喜歡躲在樹枝和草叢裏，不易被人發現。誰碰到牠往往就會遭牠的暗算，所以，香港時常有青竹蛇咬傷刈草婦人的新聞。第六種毒蛇是紅色的珊瑚蛇（並非江浙人所說的火赤練）。這種蛇雖然是毒蛇，但因為牠的眼上有鱗片遮着，視覺不發達，而且在香港極少見，僅棲息在山頂上，難得被人遇見，所以並不可怕。香港大學的生物學系在戰前曾公開徵求珊瑚蛇的標本，找了許久都沒有結果，可見牠的稀少。

香港出產的蛇，共有二十九種，只有上述六種是毒蛇，其餘都是沒有毒牙的。這六種毒蛇之中，最毒的是銀腳帶，其次是過山風和飯鏟頭。據實驗的結果，銀腳帶的毒比一般眼鏡蛇要毒兩倍，比金腳帶更毒過二十八倍。因此不慎給銀腳帶咬了，若是不能及時注射抗蛇毒的血清，多數是要送命的。所幸銀腳帶在香港並不多見。

除了這六種陸地的毒蛇以外，香港附近的海中還有兩種鹹水海蛇，也是有毒的，其毒不下於眼鏡蛇。海蛇的特徵是尾部扁平，略作鰭狀，牠們也是到了夏天就在海裏出沒的，所以夏天作海水浴的人要特別小心。

麗紋蛇（珊瑚蛇）

◆ 如今香港的蛇類有五十二種，其中毒蛇約有十六種。

蛇王林看劏蛇

　　人類多數是怕蛇的。民俗學家說這是一種生物的遺傳，因為在原始時代，蛇是人類最難對付的敵人之一。可是外國的宗教家卻說，人類怕蛇，是因為蛇引誘了人的始祖亞當夏娃犯罪，上帝便咒詛牠，使人類終身與蛇為敵。我以為不論是生物學的原因也好，宗教學的原因也好，廣東人對於人類怕蛇的心理，總算作了最有力的祛除。他們不僅不怕蛇，而且毫不客氣地將牠吃進肚子裏去。就在香港也是這樣，只要天氣一冷，街上就可以見到「秋風起矣，三蛇肥矣」的廣告。因此，我奉勸怕蛇的外江佬，不妨乘這機會，到上環蘇杭街的蛇王林一行（就在中央戲院斜對面的那條橫街上），看看店裏伙計們劏蛇取膽的那種熟練手法，簡直比撲蒼蠅還要容易，大可以給怕蛇的人出一口烏氣。

　　考究吃蛇膽的人，一定要吃生劏的，而且是成副的。一副三蛇膽，像三蛇羹一樣，是用金腳帶、飯鏟頭、過樹榕三種蛇構成的，所以一吃就是三顆蛇膽。在秋冬之交的時候，你若是到香港的蛇店裏去，隨時可以看到有許多吃蛇膽的顧客等在那裏，其中多數是來自香港仔和筲箕灣的船婦，她們終年生活在水上，最相信蛇膽有補身驅風去濕的效能。不過蛇膽價錢並不便宜，大約要花二三十元，才可以吃到一副三蛇膽。若是僅吃一顆，價錢當然較便宜。

　　蛇店伙計生取蛇膽的手法真是值得一看的：他好像眼睛看也不

看似的，隨手從滿裝着蛇的布袋裏捉出一條金腳帶（這種蛇身上一節黑一節黃，如舊時縛褲腳的布帶，故名金腳帶），用左手的拇指和中指箍緊蛇頭，將蛇尾踏在腳下或夾在脅下，用右手在蛇腹上下摸索，很快的就能確定蛇膽的所在，然後用小刀在蛇腹上割開一寸闊的一個小口，用手一擠就將蛇膽擠了出來。蛇膽很小，大約像一粒花生米那樣，顏色是殷碧的，因此，看來很像是一粒橢圓的寶石。伙計隨手將蛇膽摘下來放在桌上的碗邊上，碗裏有酒，這時吃蛇膽的顧客就可以將生劏的蛇膽放在舌上，喝一口酒送下去，或者事先將它搞破了和在酒裏，那就是蛇膽酒了，酒染上了膽汁，顏色是碧綠的。

伙計割開蛇腹取膽，手術敏捷準確，破了的蛇膽便不值錢。蛇被割了膽以後就塞進另一隻布袋裏，牠仍可以生活，據說至少還可以活十幾天。取了膽的蛇多數賣給酒家去做蛇羹。一條沒有膽的蛇，價錢僅值原來的一半，因此，老饕們也就可以不用花多少錢就可以吃到一碗三蛇羹了。

三蛇大會的三蛇，普通是用金腳帶、飯鏟頭和過樹榕構成的。三條蛇謂之一副，若是再加上三索線和百花蛇，便成為更貴重的五蛇羹了。大酒家出售的蛇羹很貴，這是由於配料貴和自高身價，其實蛇肉本身的市價是很便宜的。酒家所出售的蛇肉的來源很少是自己劏的。多數購自蛇店，這就是前面已經說過的那些生劏了膽的無膽蛇的出路了。

在蛇店裏看伙計劏蛇，那樣子比看生取蛇膽更有趣，手法的準確爽利，恰如莊子所說的庖丁解牛，一舉一動，無不中肯。他從布袋裏隨手拖出一條蛇，左手兩根手指拘緊了蛇頭，右手用一柄鋒利的小刀在蛇頸上劃一條痕，隨即刷的一聲，將整張蛇皮撕了開來，再用刀將蛇尾和蛇皮一同切下，看也不看地拋在地上。這時握在他手上的已經是一條赤裸裸的剝皮蛇。他再依着蛇頸剝皮的地方直劃一刀，再用力一撕，已經將整條蛇肉撕了下來，剩下的蛇頭和全身骨骼又拋在地上，任牠們在那裏婉轉抽搐。

本來，蛇皮是相當值錢的，但那只是指大蟒蛇而言（即蚺蛇，俗名南蛇，又名大琴蛇，因為牠的皮可以蒙胡琴），像這樣兩三尺長的金腳帶之類的皮，是根本一錢不值的。有時，也有人炒了來吃，稱為「炒龍衣」。

三蛇羹之中的三蛇，有兩條是毒蛇，因此，有許多外江佬以為廣東人吃蛇羹，必須整副的吃，若是單吃一條便會中毒。其實這完全是誤解的。蛇的毒僅在牠牙上的毒腺，現在既連頭宰去不吃，所以根本沒有毒。何況三蛇云云者，也不過是一個名義而已。廣東的老饕們是什麼蛇都吃的，更未必一定要三條合在一起才吃。

吃蛇肉根本不會有中毒的危險，只有外行，不懂得事先削去蛇頭，那才有「撞板」的可能。

香港雖然多蛇，但不如一般人想像那樣的多。香港新界等處出產的蛇，已經知道的約有二十九種，其中有六種是毒蛇，最毒的是銀腳帶。所幸這種蛇並不常見，常見的幾種蛇都是沒有毒的。至於香港人用作「蛇羹」的蛇，全是自內地輸入的。

◆ 過樹榕指的是遊蛇科的灰鼠蛇（*Ptyas korros*）；三索線指的是三索頜腔蛇（*Coelognathus radiatus*）；百花蛇指的是蝰蛇科的尖吻蝮（*Deinagkistrodon acutus*），俗稱五步蛇。生吃蛇膽易引發疾病和感染寄生蟲，並不提倡。

金環蛇

魚豬與豬魚

前面我曾提到本地人稱箭豬為魚豬，不明白它的原因，昨天翻閱屈大均的《廣東新語》，才知道廣東相信箭豬是由一種魚變的，所以稱為魚豬。《新語》卷二十一〈獸語〉云：

> 箭豬，即封豕也，封者大也。封豕初本泡魚。泡魚大如斗，身有棘刺，故化為豪豬。豪在項脊間，尺許如箸，白本黑端，人逐之則激豪以射人。婦女以金銀鑲之為簪，能止頭癢，除白屑。其豪如蒿然，亦曰蒿豬。

《廣東新語》是一部可讀的談論嶺南風土的著作，雖亦不免有荒唐不經和怪誕的記載，但格物說理，總在努力接近人情和自然。即如說箭豬是泡魚變化的，雖不可信，但海裏有一種魚頗似箭豬，則是事實。

這種魚又名豬魚，外國人則爽快的稱牠們為箭豬魚。牠們被稱為箭豬魚或泡魚的原因，是因為渾身有刺像箭豬一樣，而一旦遇到敵人來攻擊的時候，能夠吸氣將身體漲大，使渾身的刺一根一根直豎起來，敵人便對牠無可奈何了。牠們能將身體漲大數倍的原因，是因為腮上的出口很小，又有活塞似的東西能阻擋出氣，所以能夠吸氣進去將胸部脹大。

著名的河豚就是小型的箭豬魚，本地人稱牠們為雞泡魚。這種魚本是鹹水魚，但是喜歡游到鹹淡水交界的小河口來，因此，在新界大埔一帶的港灣淺水裏很容易見得到。牠們也渾身有刺，不過不似箭豬魚那麼長，但也有吸氣脹大胸膛嚇人的手段，這正是牠們被稱為雞泡魚的原因。你捉到一條雞泡魚，將牠們放在地上，牠的白色胸膛就會吸氣脹大起來，脹成了一個小氣球似的。恰如本地俗語所說的「當堂為之吹脹」。你這時若將牠拋到水裏，牠也像皮球似的挺着肚子浮在水面不能轉身，要等氣消了才會游動着。

在中國傳說中，泡魚不僅能化箭豬，更能化為虎，因此又名虎魚或魚虎。陳藏器的《本草綱目集解》説：

> 泡魚生南海，頭如虎，背皮如猬有刺，着人如蛇咬，亦有變為虎者。李時珍曰：按《倦遊雜錄》云，海中泡魚大如斗，身有刺如猬，能化為豪豬，此即魚虎也。

説這樣的魚能化為虎化為箭豬，雖不是事實，但因了牠渾身有刺，而且有脹大了胸膛嚇人的本領，倒是很有趣的聯想。

河豚

◆ 豬魚即河豚，泛指魨形目中二齒魨科、三齒魨科、四齒魨科以及箱魨科所屬的魚類。河豚遇到危險能吸入大量水和空氣，將身體膨脹開來。此外大多數河豚的體內都含有劇毒的河豚毒素。

可炒可拆的香港蟹

形模雖入婦人笑，風味可解壯士顏；寒蒲束縛十六輩，
已覺酒興生江山。

這是黃山谷《謝何十三送蟹》絕句兩首之一。我不知「形模雖
入婦人笑」的出典何在，但望文生義，覺得頗與本地人「炒蝦拆蟹」
一語的用意非常巧合。至於「寒蒲束縛十六輩」，那乾脆就是「扮
蟹」了。「扮蟹」最為本地人所忌，尤其是撈家。因為「扮蟹」者，
用繩子縛起來捉將官裏去之謂也。

香港市上常見的蟹，有膏蟹和花蟹兩種。還有一種乃是被人瞧
不起的「水蟹」。這幾種蟹都與古人所說的把酒持螯的對象不同，
因為後者乃是指江浙的毛蟹，也就是香港的上海店在廣告上所說的
洋澄湖大閘蟹，即日火車運到，隻隻足半斤重，結果要賣幾十元一
斤。牠們都是淡水蟹。淡水蟹和鹹水蟹最容易見到的區別，乃是牠
們那一對後腳，淡水種是尖的，鹹水的則進化成了扁平形，以便在
海水中能迅速地游動。鹹水花蟹，其實在上海也可以見得到，那是
從寧波鎮海來的，他們醃了當作鹹貨來賣。

香港新界元朗的膏蟹和肉蟹很有名，但不識貨的人最好不要
買，因為一不小心貪便宜就買到了「水蟹」。香港出產的膏蟹並不
多，市上所賣的頂角膏蟹，都是從東莞和澳門運來的。因此有人跑

到香港仔的海鮮船上去蒸膏蟹，以為夠新鮮，其實做了「大老襯」。因為香港仔船上的膏蟹，根本都是伙計搭車從上環街市買來的。

　　除了這幾種可吃的蟹以外，香港還出產許多種其他的蟹，牠們都棲息在海濱的巖石縫裏以及深水底。生在深水底的蟹類，形體都比較大。為了適應環境，牠們身體的一部分變得特別發達，因此看起來往往古怪可怕。蜘蛛蟹和鬼臉蟹都是屬於這一種。還有一種雷公蟹，出產在長洲和筲箕灣，往往在夏季雷雨時出現，過了五月便少見，因此名為雷公蟹。

　　棲息在海濱礁石縫裏的蟹類，形體大都很小，而且往往一隻螯大一隻螯小，便利藏在沙穴裏伸那隻大螯出來獵取食物，或者身體特別扁平，以便可以在礁石縫裏往來自如。還有那種自己沒有殼、佔據了空螺殼為家的寄生蟹，在沙灘上橫行疾馳，忘記了自己寄人籬下，簡直一蟹不如一蟹了。

寄居蟹

麗彩招潮蟹

環紋蟳

◆ 本篇裏的膏蟹、花蟹、水蟹分別指的是梭子蟹科的鋸緣青蟹（*Scylla serrata*）、遠海梭子蟹（*Portunus pelagicus*）、三疣梭子蟹（*Portunus trituberculatus*）。鬼臉蟹是關公蟹科的種類；雷公蟹是蕾近愛潔蟹（*Atergatopsis germaini*）。寄居蟹屬於寄居蟹總科，其實並不是真正的螃蟹，腹部柔軟，常寄居於軟體動物死後的殼中。

南方的李

　　從前外江人初來香港，抱怨在香港吃不到好的桃子，如上海龍華的水蜜桃、松江的黃桃以及南京的蟠桃。現在當然不會再有這種情形了。因為過去香港市上每年所能見到的只是一種尖嘴的小桃，本地人稱為鷹嘴桃，其實不過是俗說的毛桃，是不能登大雅之堂的。但如說到李子，嶺南的李，就決不輸過江南以及北方出產的，且不說著名的南華李，就是上市較早的青竹李，味道就已經不惡了。

　　北方人對於李的評價，遠不及桃，這就表示北方所出產的李，在品質上遠不及南方。北方的大水果店是很少賣李的，僅是在路旁的水果攤上才買得到，一般人也禁止孩子們多吃李。這都是對於李的歧視。其實，且不說沉李浮瓜，本是夏天的韻事，就是古詩上所說的「投我以桃，報之以李」，可見桃李的地位原來是相等的。後來李的被歧視，也許是出產愈來愈不好的緣故。但佳種也並不是沒有的，如有名的檇李，出嘉興，一名醉李。《越絕書》說，吳王曾醉西施於此，所以名為醉李。今日嘉興出產的檇李，皮薄多漿，是像水蜜桃一樣可以撕開一塊皮用口來吮的。

　　還有《晉書》上所載的王濟王戎，都是以家裏出產好李著名的人物。王濟家裏出產的李子，就是皇帝來要，他也不肯多給。後來皇帝惱了，乘他出門的時候，率人到他家裏將園中的李子吃光，並將李樹也給他砍了。王戎也一樣的吝嗇，他要賣李圖利，又不願別

李

人獲得他的好種，於是將李核鑽壞了才出售。這都是關於李的有趣逸話。

　　香港可以吃到的李，除青竹李外，還有胭脂李。有的裏面紅外面青，有的外面紅裏面青，還有紫皮黃肉。當然最好的是南華李。這上市比較遲。可惜冒充的居多，很難買到真正的韶關南華李。香港水果店裏還有一種美國李子出售，紫紅色的，號稱蜜李，外表很好看，可是中看不中吃，淡而無味，又貴又不好。

　　俗說瓜田不納履，李下不整冠。這固然是避嫌，但也未免看輕了自己。因此我最喜歡陶弼的兩句詩，說得最爽快：

　　　　主人肝膽無猜忌，李下遊人任整冠。

　　　　◆ 李子指的是薔薇科李亞屬部分果樹的果實，在中國通常指中國李（*Prunus salicina*），南華李、青竹李、胭脂李均為中國李的不同品種。

杜鵑鳥的疑案

　　杜鵑可説是我國一隻有名的鳥，有許多關於牠有趣的和動人的傳説。僅是牠的啼聲已經提供了古今詩人無數歌詠的資料。據説猩紅色的杜鵑花，就是由於杜鵑鳥苦啼不休、嘴裏滴出來的血染紅變成的。

　　許多書上都描寫杜鵑在春天所發出的哀怨啼聲。望帝、杜宇、子規，都是牠的別名，向來傳説這種鳥是古代一位皇帝的精靈所化，啼聲悽惻，差不多成為中國文藝作品中寄託哀怨鄉思閨怨一類情緒的象徵。而在實際上，真正聽過杜鵑啼聲的人已經不多，至於親眼見過杜鵑和知道牠生活習慣的人則更少。

　　杜鵑雖是一隻有名的鳥，但是什麼鳥才算是「杜鵑」，不要説一般人，就是許多鳥類學家也不很弄得清楚。

　　從前嶺南大學的生物學教授德國人密爾，寫過一篇文章，説一種被稱為「中國大巴八鳥」的野鳥，乃是中國人所稱的杜鵑。這是有一尺多長的烏鴉型的大鳥，黃色的大嘴，頭背青黑色，腹下黃綠色，尾下橙紅色。他説，這種鳥在廣東羅浮山鼎湖山很多，啼聲嗚嗚，徹夜不停，下雨的天氣啼得更起勁。他説這就是中國人所説的杜鵑。

　　向來喜歡研究香港自然的大學堂的香樂思教授，也附和密爾的意見。在他的《香港的鳥類》小冊子裏，註明説中國大巴八鳥就是

杜鵑。說牠們在薄扶林和新界的林村谷一帶做巢。香港的植物公園大樹上也有牠的巢，有一年大風，曾捉到被風吹下來的三隻小雛。又說牠們喜歡在樹洞裏做巢。

根據這兩位教授文章裏所附的圖片，以及所描寫的「巴八鳥」的形狀和毛色看來，我們知道他們都不免弄錯了。杜鵑不會有一尺長，也不會有烏鴉那樣的大嘴，牠們的毛色也不是青黑色的，牠們更從來不在樹洞裏做巢。唯一可能相混的原因，就是巴八鳥的鳴聲有一點與杜鵑相似。

中國向來所說的杜鵑，其實是郭公鳥的一種。牠們全身灰黑色，胸前有黑色的條紋，全身僅有八九寸長。最大的特徵是嘴角的顏色作深紅色，這正是「杜鵑啼血」的傳說來由。每年三月至八九月間，在香港可以見得到。

杜鵑的傳說雖然很美麗，而在實際生活上，牠們的名譽實在不很好。牠們飛翔的時候，喜歡模擬鷹隼的姿態，用來恐嚇其他的小鳥。牠們自己又從不做巢，喜歡將自己的卵產在喜鵲的巢內，由別的鳥給牠孵雛。杜鵑的小雛很兇惡，不僅貪食，而且懂得排擠巢內其他的小雛，時常將喜鵲的小雛從巢中擠跌到地上。

◆ 杜鵑是杜鵑科鳥類的統稱，本篇裏描述的比較接近四聲杜鵑（*Cuculus micropterus*）。除了四聲杜鵑，香港有分佈的杜鵑鳥還有八聲杜鵑、大杜鵑、東方中杜鵑、小杜鵑等。

八聲杜鵑

再談杜鵑鳥

　　對於杜鵑鳥產卵在別種鳥巢中寄養的怪習慣，我們的大詩人杜甫也早已提到過了。杜甫是四川人，四川又是杜鵑最多和杜鵑傳說發源的地方，難怪詩人觀察得特別真切。他在有名的五古《杜鵑》詩裏說：

> 四川有杜鵑，東川無杜鵑，涪萬無杜鵑，雲安有杜
> 鵑……。杜鵑暮春至，哀哀叫其間……生子百鳥巢，百鳥不
> 敢嗔，仍為餵其子，禮若奉至尊……

　　不僅杜鵑，就是與杜鵑同類的郭公鳥，古人稱為鳲鳩和布穀鳥的，也有產卵在別的鳥巢中的習慣。牠們這樣的偷懶方法也並不是完全盲目無選擇的。牠們懂得選擇在食料與自己相類的母鳥巢中來產卵，而且每一巢中僅產一顆或兩顆。有時又將卵產在地上，然後偷空唧入別的鳥巢。牠所寄養的那座鳥巢中的其他小雛，一定沒有小杜鵑或小郭公鳥那麼強壯，所以結果總是逐隻被牠擠得跌出巢外。就是巢中有兩隻小杜鵑，較弱的一隻也往往遭遇同樣的命運，被較強的一隻擠跌出去。據說小杜鵑這種排擠同類的方法是先天遺傳的。牠們懂得先將身體挨近巢中的其他小雛，然後張開沒有毛的肉翅一陣亂抖，這樣就可以將另一隻小鳥抬高起來，從巢邊拋出去。

懷特的《塞爾彭自然史》，是英國十八世紀一部有名的科學小品傑作，其中就一再提到杜鵑郭公等的這類怪習慣。他的這本書是書信體的，在有一封信裏，他說起有一次有個鄉下人告訴他，說是某處地上有一隻小鳥的巢，其中有一隻小貓頭鷹，由一隻小雀在餵食。他聞訊走去看，發現原來是一隻小郭公鳥，在山百靈的巢裏孵化出來的，已經長大得使那座小巢容納不下了，由那隻小母鳥給牠餵食。牠見人來了便兇惡的撒開羽毛，所以看來像是一隻貓頭鷹。

杜鵑的鳴聲，有點似 Cooloo-ee-yoo，所以我們向來說牠的啼聲是「不如歸去」。牠喜歡不停地叫，在春天的月夜或是雨夜都不停，這樣單調的反覆的叫着，所以叫人聽來有淒涼的感覺。大巴八鳥的鳴聲有點和牠近似，所以被外國人誤認牠是杜鵑。

郭公鳥的叫聲是 Kwai-Kwai-Kwai-Kwo，我們對這鳴聲譯為「快快割禾」，所以稱為布穀。著《上海之鳥》的魏金遜氏，則說這鳴聲近似 One more bottle（再來一瓶！），不知是再來一瓶啤酒還是威司忌，真是仁者見仁，智者見智了。

杜鵑、大巴八鳥以及布穀鳥的鳴聲，我們若是住在新界，到了春天都有機會可以聽得到。

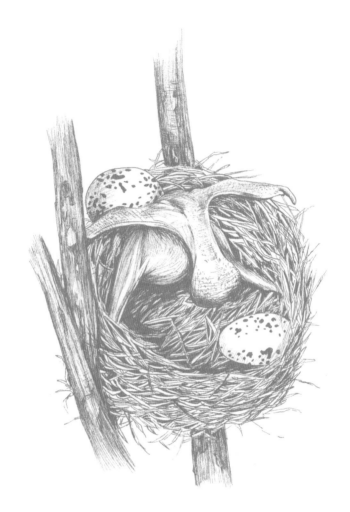

杜鵑幼鳥把其他鳥蛋頂出巢外

◆ 很多杜鵑科的鳥類有巢寄生的習性，雌鳥不築巢，而是將卵產在其他鳥的巢內。雛鳥破殼後，便本能地將宿主的卵拱出巢，和其他雛鳥爭奪食物。

野百合花

　　百合花在西方被認為是聖潔堅貞的象徵。所羅門的《雅歌》上說，「他的戀人像山谷的百合花，潔白無瑕。」這種被歐洲人所尊重的百合花，乃是從中國移植過去的。尤其是英國人花園中的百合花，被稱為「布隆氏的百合花」的一種，乃是在一百多年前中英通商初期，東印度公司派在廣州的英國商人，在廣州花地看見這種百合花開得可愛，便將它的球根託商船帶回給倫敦的友人。這位友人姓布隆氏，是由他首先將中國的百合在英國種植起來的，因此，後來就稱這種百合花為「布隆氏的百合花」。

　　這種百合花，就是我們在香港常見的那種白色的百合花（百合花也有紫紅色的，法國小說家法郎士就有一部小說題作《紅百合》。但這種花是以白色為貴重）。有盆栽的，也有野生的，香港的野百合花是受着保護花木法令保護的。這條法令是在一九二五年公佈施行，對於十一種香港野花加以保護，禁止採摘或販賣，第五種便是「布隆氏的百合花」。

　　香港和新界的山上，現在這種野百合已經很繁盛，這都是不許人隨意亂摘的收穫。在香港方面，扯旗山頂、西高山，都是野百合最多的地方。初夏時候，白色的大花朵從草叢中伸上來，使人老遠就能嗅到它們馥鬱的清香。

　　這種野百合花，它們的球根就是我們平日所說的百合，在香港

◆ 香港的野百合花為百合科的野百合（*Lilium brownii*），生於山坡、灌木林下、路邊、溪旁或石縫中。

野百合花

街市上，有時又稱為「生百合」或「生白合」，它不僅可以煮成各種的甜食或作菜肴的配料，並且是一種重要的藥用植物。百合在我國的食譜和藥方上出現，已經有一千多年的歷史，它的繁殖區域很廣，從兩廣直至東三省都有。香港人平日不常將百合當作食料，但在北方，尤其在夏季，百合湯和綠豆湯一樣，是夏天主要的消夏解暑妙品。就在平日，也將冰糖煮百合當作滋補有益的食物。香港市場上出售的生百合，多數是廣東北部南雄一帶的產物。

香港的野百合花，約有二尺至四尺高，一莖獨生，葉子從下面一路小上去，每一莖可以開花兩朵至四朵。它們在春末夏初開花。盛開的時候，花瓣微向後捲，黃色的花蕊伸出花外，每一朵可以闊至七寸。

香港的蜘蛛

香港的蜘蛛很多。有一位舍里夫先生，是英國南安普登大學的動物學教授，發表一篇關於香港蜘蛛的研究。舉列了二十幾種常見的香港蜘蛛的名目。他說這是別人採集了寄給他的，事實上恐怕只是代表香港蜘蛛的極小部分，也許五分之一還不到。因為在香港常見的在人家屋內結網做巢的蜘蛛已經有多種，此外還有在花園花草上結網的，以及做巢在水草上或是草根和地底下的。牠們種類各自不同，每一類又包括許多種，所以香港的蜘蛛至少會在一百種以上。

在昆蟲裏面，蜘蛛的種類最多最複雜。已經被著錄的已有二萬五千種之多。但是據說這數字距離完備還很遠。牠們不僅種類多，而且大小也極懸殊，並且分佈的區域也極廣闊。小種的蜘蛛細如粟米，但是南美洲有一種蜘蛛大如螃蟹，身體竟有三英寸半長。熱帶的森林和草莽中固然最多蜘蛛，但是攀登喜瑪拉雅山的探險隊，他們在將近最高峯珠穆朗瑪峯的二萬五千尺高處，在那亘古不溶的冰雪巖穴中，竟也發現了蜘蛛的蹤跡。牠們的繁殖能力既如此高強，這也難怪會衍化成那麼多的種類了。

香港最常見的是一種結網在樹上的黑蜘蛛。這是一種大蜘蛛，雌的有五公分長，但是雄的卻很小，小得可憐。那位研究香港蜘蛛的英國動物學家曾作了一個有趣比喻。他說，一隻這樣的雄蜘蛛和雌蜘蛛放在一起，就好比一個身長六尺的英國紳士娶了一位有聖約

翰大教堂鐘樓那麼高的太太！

　　一般動物，多是雄的比雌的大，但是蜘蛛卻是例外，雌蜘蛛往往比雄蜘蛛不知要大若干倍。我們平日所見到的蜘蛛，事實上多數是雌蜘蛛，因為蜘蛛先生的身體不僅小得可憐，而且根本也很笨，牠不會結網。所有的網都是蜘蛛太太結的。牠坐鎮網中心，蜘蛛先生只能遠遠地枯坐在網邊上靜候使喚。牠的任務只是交尾，並且交尾之後，往往就成了牠太太的食糧。

　　香港山邊的草根石塊底下另有一種小蜘蛛，被稱為獵人蜘蛛。牠們不結網，而是用跳躍的方法來攫取食料。另有一種能結成筒狀的網，自己伏在筒口，靜候機會來捕取飛近來的小昆蟲。

　　有些蜘蛛雖然有毒，如美洲的「黑寡婦」蜘蛛，牠的毒液可能令人致命，但絕大多數的蜘蛛的毒液僅是用來麻醉捕獲物的，對於人類並不致有損害。但是人類素來不喜歡蜘蛛，對於牠有許多可笑的迷信和憎惡，往往見了就打殺。其實還是不必的。蜘蛛並非害蟲，尤其在香港，屋內的蜘蛛是蟑螂的最大消滅者，我們最低限度應該任牠去自生自滅。

跳蛛

斑絡新婦

◆ 最常見的大黑蜘蛛指的是絡新婦科的斑絡新婦
（*Nephila pilipes*），又稱人面蜘蛛。雌雄差異很大，雌性體
大結網，雄性呈橘紅色、體型小、不結網，在雌蛛的網上
蹭食以及爭取交配機會。

相思 —— 繡眼

　　相思是廣東人最喜愛玩的一種籠鳥，牠們的眼上像畫眉一樣有一道白圈，不過白圈後面沒有那一條長的白眉，因此一名繡眼，有時又名白眼圈，外國人就稱牠們為南中國白眼鳥。但最通行的名字還是相思。

　　相思全身僅有三寸多長，除了眼上的白圈以外，身上上部草綠色，腹下灰白色，跳躍活潑，又善唱歌，所以是極得人愛的一種小鳥。養馴了的相思，不僅會唱，而且不怕人，即使打開了鳥籠，牠能夠跳出來停在你的肩上，甚或在屋裏飛幾個圈子，然後又飛回自己的籠內。

　　相思喜歡在小灌木叢以及竹樹上做巢。養相思的人，要買結巢在竹樹上的相思，因為牠們比其他的同類更會唱，行家稱牠們為「唱大喉」。這種相思比其他的相思價貴，可是鳥店裏人喜歡欺騙顧客，時常拿並非從竹樹上捉來的相思蒙混。可是這舉動只能欺騙外行，騙不過內行。據一位玩相思有經驗的行家告訴我，在竹樹上做窩的相思，一定比其他的相思稍大，而且眼圈上的那一圈白毛也較厚，所以一望就知道。至於小鳥則較難分別，但也有方法，那就是使牠立在一根小枝上，突然將小枝轉動，若是在竹樹的巢裏孵出來的小鳥，牠一定會緊緊的抓住樹枝，決不至跌下來，因為竹樹容易被風吹動，牠們早已有了經驗。若是一轉動便從樹枝上跌下來的，就一

定並非真正的竹樹相思。

　　相思從三月至八月是牠們產卵孵雛的季節。春天所見到的相思總是一對一對的。到了夏天，母鳥便帶着孩子們「一家人」飛來飛去，秋天則成群聚在一起，時常五六十隻一齊飛到一棵樹上覓食，這樣一直要混過整個冬天才再分開。香港的相思很多，時常可以見到。

　　養在籠裏的相思，秋天換毛，春天是牠們的黃金時代，高興起來便整天歌唱。從小在人手中養大起來的相思，一點也不怕人，能在茶樓裏人聲嘈雜之中放喉高唱。香港威靈頓街和上環一帶有幾家茶樓是本港養鳥家經常聚會的地方，牆上備有鐵鈎和竹竿給茶客懸掛鳥籠，在這樣的地方，就可以見到養在精緻的鳥籠裏的被當作珍愛玩物的小相思。

　　相思的日常食料是綠豆粉和酒餅蟲，有時還要給牠們吃活蚱蜢和時鮮水果，並且還要每天給牠噴水沖涼。

暗綠繡眼鳥

◆ 相思指的是畫眉科的相思鳥，本篇特
指紅嘴相思鳥（*Leiothrix lutea*）；繡眼指
的是暗綠繡眼鳥（*Zosterops japonicus*）。

紅嘴相思鳥

暗綠繡眼鳥

魚蝦蟹鱟的鱟

　　鱟是海錯，我們若是到新界大埔去旅行，在市墟上便時常可以見到這東西。牠的形狀很古怪，若不是生長在濱海地方的，多數叫不出牠的名字，有的更從未見過。但在濱海區域則時常可以見得到。中國沿海各地，從江浙以至海南島都有，但最多的是在福建和潮汕一帶的海濱，香港的出產則沒有上述這幾處地方的多。鱟有在春天上岸到淺水處產卵的習慣，這時在沙灘上最容易見得到，牠們有時會爬到山坑裏或溝渠口。有一年春天，就有一隻鱟從鵝頸橋的海邊大水渠裏一直爬到了跑馬地，給人拎起尾巴捉住了。

　　鱟的形狀像一隻鐵鏟，從正面看來又像一頂鋼盔，那一條尾巴就恰如一把刺刀，三棱形的尾巴上有尖刺，牠能翹起尾巴來鞭人，給牠們刷着一下就要流血。牠的一切器官都隱藏在鋼盔似的硬殼底下，殼比蟹殼還要堅硬，四周有刺保護得非常周密，香港新界的鄉下人將鱟殼用來車水，或者用作舀水的工具。

　　很多人不曾見過鱟，也不識鱟字。鱟音候，寧波人談到海味，慣說「魚蝦蟹鱟」，許多人都不知道這個「候」字應該怎樣寫，其實就是鱟。廣東人則將這個字讀成「豪」，因此本地人都叫鱟為「豪」。本地人罵女人淫蕩或賣弄風騷，為「發豪」或「豪婆」，這是俗語。他們慣常將這個「豪」字寫成「姣」，「發姣」或「姣婆」。但是據一位專門研究廣東方言俗字的潘先生告訴我，這個「姣」字，

實在應該寫作「鱟」,「姣婆」讀作「鱟婆」。至於為什麼讀稱鱟婆,且待後面再說。

寧波人說魚蝦蟹鱟,英文也叫鱟為 King Crab。牠的樣子雖然像蟹,但牠其實不是蟹類。在節足類動物的分科上,牠是與蜘蛛和蠍子同隸一科的。鱟在地球上的生存歷史很悠久,比人類的資格不知要老過多少倍,而且自遼遠的洪荒時代至今,牠的形狀改變得並不多(這正是鱟在今日人們眼中看起來形狀是這麼古怪的原因)。因此在生物考古學上,牠有「活的化石」之稱。

據說,鱟的祖先,乃是原始時代海洋中的一種大海蠍,今日陸地上的蠍子,就是牠們遷居陸上以後經過變化的後裔;鱟則是生存在海中遺留下來的後裔。幾十年以前,中國曾發現過一塊古生代二疊紀的海蠍化石,那模樣雖與今日的鱟有多少不同,但仍使人一望就認得出這是牠們的祖先。由於這一塊二億年以前的化石的發現,一面確定亞洲這一片大土地在那時還是海洋,一面也證實了這「活的化石」的進化系統。

中國舊時對於鱟有許多古怪的傳說。《爾雅翼》說:

> 鱟形有如惠文,亦如便面。惠文者,秦漢以來武冠也。便面,古扇也。大抵鱟色青黑,十二足,足長五六寸,悉在腹下。舊說過海輒相負於背,今鱟背上有骨七八寸如石珊瑚者,俗呼為鱟帆。大率鱟善候風,故其音如候也。其相負,則雌常負雄,雖風濤終不解,故號鱟媚。

《埤雅》也說:

> 鱟形如便面,骨眼在背上,口在腹下,其血碧。雌常負雄而行,雄者多肉,失雌則雄不能獨活。漁者拾之,必得其雙。在海中群行,輒相積於背,高尺餘,如帆乘而行。

大約古人認為鱟的最大特點,除了那古怪的如惠文冠如便面的形狀以外,便是牠的雌雄相負的特性。據說鱟是雄小雌大。放在水面,雌的沉到水

下，雄的則浮在水面。捉了雌鱟，雄鱟往往留在旁邊不逃走；可是你如果捉了雄的，那雌鱟便「嘓嘟」一聲沉到水底去了。

造成古人所說的鱟雌雄相負的特性的原因，乃是海濱平日不易見到鱟，只有春末夏初最多，而這時正是鱟交尾上岸產卵的時期，所以往往「相負而行」；而且雄鱟為了守護產卵的雌鱟，往往不肯離開。雌鱟則為了有保護自己後裔的本能，一有危險發生，自然先沉到水底去了。

舊時，廣東潮汕海陸豐一帶的海濱居民，對於鱟的這種生活形態很瞧不起，尤其不滿意雄鱟追隨雌鱟，而雌鱟一有危險，卻自己先逃命的自私態度。他們用「鱟母」來謾罵一個他們所瞧不起的女人，這也就是前面所說的「發姣」和「姣婆」，應該寫成「鱟婆」和「發鱟」的原因。又因為在海濱捉鱟，往往一捉就是一對，因此，廣東有些地方也用「捉鱟」作為捉姦的替代語。

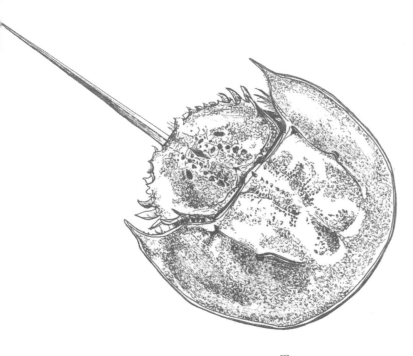

鱟

中華鱟

◆ 鱟指的是鱟科的節肢動物，分佈在香港的為中國鱟（*Atachypleus tridentatus*），圓形的頭胸部後緊跟分節的腹部，最下方是長而尖的尾刺，目前中國鱟的數量也越來越少。

黃麖

　　羌鹿，本地人俗呼為黃麖。其形頗似獐，只是獐沒有角，而雄黃麖卻是有角的。麖是香港所出產的唯一較大而又較多的野獸。歐洲人稱牠們為「南中國鹿」或「吠鹿」。牠之所以名為吠鹿，是因為那特殊的吠聲。在春季雨天或多霧的夜晚，如果住在香港山頂區或是新界郊外，很容易聽到牠的吠聲。

　　黃麖比一隻普通的家犬略大，全身栗黃色，頭部頸部及腿部的毛色略深，呈棕黑色，腹下較淡，近於白色。雌黃麖沒有角，雄者頭上有一對小角，長約五六寸，老雄麖的角在根下有一小叉。雄黃麖嘴上又有一對獠牙，露出在唇外，像野豬一樣，牙尖上翹，約有兩寸多長。這是用來挖掘樹根及球根植物用的，因為這些都是牠們的主要食料。由於長期的挖掘使用，黃麖的牙尖多數是鈍的。尤其是老黃麖，有時更折斷了一節。

　　香港島上、新界大陸及大嶼山，都是出產黃麖的地方。可是為了牠們是晝伏夜出的，白天便不容易見得到。牠們最喜歡霧，因此在夏天多霧的季節，如果在山上林中散步，便常有機會可以遇見牠們。

　　黃麖的生活習慣和性格都和野豬相似，只是不似野豬那麼兇猛。牠們喜歡棲息在峻斜的山坡上和深澗的旁邊，野草愈深愈是牠們喜歡的地方。牠們多數白天伏在草叢中睡覺，到了黑夜才出來活動。

同野豬一樣，牠們喜歡偷入田地裏來亂掘亂咬。為了破壞力很大，對於農作物很有妨礙，因此，牠們和野豬在鄉下人的眼中都認為是一種害物，隨時都在設法捉捕。香港對於獵捕黃麖是不違犯保護法令的。鄉下人有獵槍的用槍，沒有槍的在夜晚用陷阱，在黃麖時常出沒的路徑上設阱捉捕。如果在白天裏捉黃麖，那就要先用獵狗到牠們棲息的草叢中去搜尋，或者用炮竹拋到山坳裏將牠們嚇醒。黃麖是習慣從下向上跑的，你這時就可以站在高處用槍射擊了。到新界去打獵，最興奮的事是發現了野豬，然而打野豬相當危險，因此，多數人以獵得一隻黃麖歸來為最高的理想。

　　黃麖的肉，據吃過的人說，非常味美，是野味中的上乘。在大埔墟市上，偶爾也有鄉民將捉得的黃麖陳列着求售。有角有獠牙的是雄麖，無角無牙又較小的是雌麖。

赤麂

◆ 黃麖即鹿科的赤麂（*Muntiacus muntjak*），雄性有一對角，角冠基部分出一小枝，雌性無角，生性膽小敏感。

香港的杜鵑花

　　凡是愛好花木的人，我勸他們應該抽暇在每年春天到植物公園（俗稱兵頭花園）去欣賞一下盛開中的杜鵑。若是有時間，更不妨到山頂或是新界的青山沙田一帶去走走，因為那一帶的杜鵑花也不少，而且都是野生在山上的。

　　但也不必太心急，盡可選一個最適當的天氣去仔細地飽看一下，因為杜鵑花是很耐開的。在整個三月，它們可以繼續開花，將枝頭點綴得燦爛似錦。

　　香港的杜鵑花共有六種，五種是野生的，另有一種是從廣東輸入的。植物公園所見到的開花最密的一種，就是這種。這種杜鵑花，樹身很矮，開花最密，花色從深紅以至淺紅，隨了地勢高低和水土而定。另有一種是紫色的，花朵比紅色的大，但在香港沒有紅色的一種那麼多。

　　野生的杜鵑，有一種樹身很高，可以高至十五尺至二十餘尺，花朵很小，顏色從淡紫以至白色都有。它們開花較遲，可以維持至四月初旬。

　　在新界的馬鞍山和大嶼山的鳳凰山上面，另有一種白色的野杜鵑，花朵很大，多數生在二千尺以上的高處；有的白色花瓣上還有紅點，最為美麗，這是在較低的地方從來見不到的。

　　杜鵑俗名映山紅，又名山躑躅。香港因了天氣關係，杜鵑的開

花比國內略早，往往在農曆正月，香港的杜鵑早已開得如火如荼了。但在福建和浙江，杜鵑則要在春三月杜鵑鳥啼的時候才開花。

廣東的杜鵑也很多。《廣東新語》記廣東的杜鵑花云：

> 杜鵑花以杜鵑啼時開故名。西樵巖谷間，有大紅粉紅黃者千葉者，一望無際。羅浮多藍紫者黃者，香山鳳凰山有五色者。是花故多變，而以殷紅為正色。予詩：子規魂所變，朵朵似燕支；血點留雙瓣，啼痕漬萬枝。

香港山上的野杜鵑，是受保護野花條例保護的，非得園林署許可，不許攀折和挖掘。愛花的遊客應該注意這點。

毛棉杜鵑花

錦繡杜鵑

◆ 本篇提到開花最密的可能為杜鵑花科杜鵑屬的一個品種 —— 錦繡杜鵑（*Rhododendron pulchrum*）；野生杜鵑為毛棉杜鵑花（*Rhododendron moumainense*）。

香港的百足

香港的百足很可怕，又長又大，牠不像中國長江流域和北方的百足那樣，腳細體小。香港的百足已經屬於南方的熱帶種，普通一條大百足總有四五寸長，最長的可以長至八英寸，同一種類在西印度群島和南美洲的，有時可以長至十二寸至十四寸，是比蛇類更令人可怕的一種爬蟲。

香港的大百足，背上是青黑色的，烏油油的發光，牠的紅黃色的腳上有一層殼，像蟹爪一樣，爬起來索索有聲，這是中國內地百足所沒有的特點，也是更令人可怕的原因之一。百足是晝伏夜出的，尤其是夏季，牠最喜歡在夜間爬入屋內來捉蟑螂，這是牠的主要食料，也是夏季夜間時常會在屋內發現牠的原因。

中國北方人呼百足為蜈蚣，蘇滬一帶則稱為百腳。百足和百腳，其意義是一樣的，都是表示牠的腳多。這個俗名非常有趣，因為英文呼百足為 Centipede，這字的語源是拉丁文，牠的原義就是「一百隻腳」。另有一種百足的同類，身體較小，生活在潮濕處和泥土中的，爬行得較慢，全身像笛子一樣的紅黑相間，牠的腳，比百足更多，英文則呼為 millipede，牠的拉丁文原義則是「一千隻腳」。

香港的百足究竟有多少足，這是一個很有趣的問題。其實，一隻長成的大百足，僅有二十二對腳，這還包括尾巴似的最後一對腳，以及變形為牙齒的最前一對腳在內。所以一隻百足實際上僅有四十

隻腳。那最前的一對腳，通常已變成鉗形，縮在頭下，從上面是望不見的。這是百足用來獵取食物或咬人的工具。它的形狀像一對鉗形的牙，根上有毒腺，尖端上有孔，從這裏注出毒液。但其實這不是毒牙，而是一對毒爪。最後的一對腳，也長長的拖在後面成了「尾巴」，不再用以行路了。所以，一隻長成的百足，在解剖上是具有四十四隻腳，但牠用以爬行的僅有四十隻。

百足是卵生的，小百足全身作綠色。逐漸長大，身體變成暗綠色，四肢變黃色。許多不知道百足生長過程的人，偶然發現了一巢綠色的小百足，以為是另一種小爬蟲，其實是誤會了。

百足走路也很有趣。牠不是像兩腳動物那樣左右腳交替前進，也不是像四腳獸那樣，左前腳與右後腳，右前腳與左後腳輪流前進的。百足的走路，倒像是一隊雙排的兵士在列隊前進，又像是划龍船的水手划槳那樣，無形中分成數節，互相起伏按着一種節奏而前進的。

在鴉片戰爭前期，中國開始嚴厲禁煙，洋商的鴉片都不敢直接運入廣州，他們都用躉船駐泊在零丁洋面，然後使用一種特殊的小艇，用走私方法運入中國沿岸。這種鴉片走私小艇，艇身狹長，用幾十名水手划槳，其行如飛，它的綽號就叫蜈蚣船。

百足的毒雖不致殺人，可是給牠咬上一口，卻是很痛的。因有毒液注入，局部會紅腫發炎，能使人昏眩、頭痛、嘔吐。又因了百足的腳爪很尖銳，抓住了皮膚不易放鬆，腳上帶有微生物，皮膚破處也很容易發炎中毒。

香港另有一種小型的百足，身體細長多足，僅有一寸餘長，如果將牠踏碎了，在夜間能放出碧色的燐光。

另有一種百足同類的爬蟲，身體較短，腳比百足更多更長，江浙人一般稱之為蓑衣蟲，北方人呼之為錢串子。牠全身灰黑色，形狀很難看，時常在潮濕處或屋內的牆上出現，小者寸餘，大者長至二三寸，行走極速，我不知本地人叫牠作什麼，外國人呼之為「持盾者」，說牠像古代持盾疾走的武士。香港不常發現，但在森林陰

濕處，則偶然可以見到。有的全身紅綠斑駁，抬高了身體在爛葉上疾走。本地人很怕牠，說牠咬人比百足更毒。但生物學家卻說這種爬蟲是沒有毒的，因了牠最喜歡吃蚊蟲，反而是有益於人類的。

百足的形狀雖然可怕，但中國舊時卻將牠入藥，謂可以解毒。廣東人更將百足列入食譜，當作蛇鼠禾蟲之外的異味之一。據說舊時廣州源昌街有一家大商行的老闆，就是以嗜吃百足馳名的。他吃的百足是豢養的。店後有一大坑，在泥土中澆以米汁，蓋上稻草，不久就能生出百足。他周年在坑中養着整千整萬的百足，能用百足製出煎炒蒸焗的整桌百足筵。這真是信不信由你的怪事。據吃過百足的人告訴我，將大百足浸在滾湯中燙過，剝去殼，剩下一條細白的肉，鮮甜爽嫩，其滋味不殊龍蝦或蟹肉云。

馬陸

◆ 本篇所指的百足為唇足綱蜈蚣目的節肢動物，蓑衣蟲（錢串子）指的是唇足綱的蚰蜒目的節肢動物，百足的同類 —— 更多腳的是倍足綱的節肢動物，統稱馬陸。

蜈蚣

蚰蜒

蠟嘴‧竊脂

這是兩種有趣的籠鳥，因為牠們性情乖巧，容易馴熟，所以獲得玩鳥者的歡迎。兩種鳥得名的由來，都因為牠們那一張又大又厚重的嘴，閃閃有光澤，像是一層蠟，因此黃嘴的一種便名為蠟嘴，紅嘴的一種則名為竊脂。後一種的名字很香豔，說牠偷吃了胭脂，所以留下了一張紅嘴。外國人稱牠們為爪哇麻雀，因為蘇門答臘和馬來都是牠們的原產地。

蠟嘴的身材確是有點像普通的麻雀，只是毛色不同。黑頭，紫灰色的背，腹下藕灰色，臉上頰有兩塊白斑，黃嘴的黃腳，粉紅嘴的粉紅腳。

香港鳥店裏所賣的粉紅嘴的竊脂，都是從馬來和爪哇輸入的，每年還要大批的經過香港運到中國內地去。這種小鳥雖然為我們中國人所愛玩，但在原產地則很粗賤，牠們不折不扣的是爪哇麻雀，在建築物的隙縫或簷下做巢，也像麻雀一樣的成群飛到地上覓食。因為又多又賤，而且時常在有人的地方往來，南洋華僑唸佛的老太太，時常大批的買來放生，並禁止孩子們捉來玩，說是會令人讀書不聰明。

蠟嘴古名桑扈。江浙和北方人都喜歡養牠們。養蠟嘴有時不用籠而用一隻鐵叉。蠟嘴又厚又大的嘴，是最宜於啄食穀類的。養熟了的蠟嘴，可以任牠立在鐵叉上，然後將一粒黃豆一類的東西拋在

空中，牠會飛起來嗛住再飛回到架上來。

　　蠟嘴又會唧紙牌算命，這種玩意在香港街頭也可以見得到，不過所用的都是粉紅嘴的竊脂。這都是由測字算命先生或占卦的老太婆養着的。牠們會從小籠裏走出來，從一疊紙牌裏唧一張出來，或是在一堆測字用的紙卷裏拖一卷出來，測字的就根據牠所拖出來的字解釋給顧客聽，同時從火柴盒裏取一粒穀米一類的東西報酬這隻小雀。灣仔的修頓球場和九龍的榕樹頭，一到夜晚就時常可以見到這種小玩意。你即使不相信算命測字，花一兩毫子看看這小鳥的乖巧表演，有時也是很有趣的。

　　牠們的表演很純熟，很聽話，正是這種小鳥會成為許多人愛畜的籠鳥的原因。但是要牠們聽話算命也有個小訣竅，那就是事先不能使牠們吃飽，否則牠們便對工作以後的那一粒報酬不感到興趣了。

　　黃嘴的蠟嘴，在冬天會到香港和新界來避寒。粉紅嘴的爪哇麻雀，在香港雖然也是過路的候鳥，但有人曾在西環七號差館旁邊的那座古教堂上，發現牠們在那裏做巢。

灰文鳥

◆ 蠟嘴指的是雀科的黑尾蠟
嘴雀（*Eophona migratoria*）；
竊脂是指文鳥科的灰文鳥
（*Padda oryzivora*），世界各國
都有飼養。

黑尾蠟嘴雀

談香港的鴨

春江水暖鴨先知。

在江南水鄉，嫩黃的新柳樹下，一群雛鴨在小河上往來嬉水，在河面上漾出一道一道的波紋，這是非常恬靜的江南初春鄉村風景，因此，使得詩人能寫出「春江水暖鴨先知」這樣的富於自然風趣的名句。這樣的情調，在香港的鄉下是很難找得到的。

鴨是僅次於雞的主要家禽，但本地人對於鴨似乎不大感到興趣，甚至有許多人對牠有反感。不僅做生意的人最不喜歡「吃全鴨」，就是學生哥提起了「吃全鴨」也頭痛。生病的人也忌吃鴨，尤其是患瘡癤等外症的人，認為鴨肉性毒，吃了能使患處愈加發炎腫脹。就因為這樣，意頭不好（「吃全鴨」是「零分」和一點生意都沒有之意），又沒有雞那樣滋補有益，於是鴨遂被本地人所輕視了。

但在外江，鴨是非常普遍而被看重的家禽。不僅送禮饋贈要用成對的活鴨，就在筵席上，全鴨也比全雞更名貴，尤其是北京館子的烤鴨，更是比廣東魚翅更看重的上菜。

本地人過年過節，第一是劏雞，很少人劏鴨的。只有吃不起雞的人才劏鴨。紹菜扒鴨、八珍鴨一類的菜，總是被認為是次一等的益食家的粗菜。

本地街市上所供應的鴨，大都來自廣西梧州，有時南洋暹羅等

地也有「番鴨」運來。但香港新界的西貢沙田一帶，養鴨的人也不少。鹹淡水交界的小河和泥灘，充滿了小魚蝦和螺介，是鴨子最理想的覓食地點，養鴨的人，只要用長竹竿縛着一把破葵扇，按時將鴨群趕下水去又趕回來就行了。

本地人養鴨，最喜歡養鴨姆，因為可以生蛋，老了不會生蛋了，又可以趕到街市上劏了賣。其次是梧州鴨，因為牠的肉嫩味好，價錢也好。梧州鴨多數是白胸的。就是黑鴨，胸部的毛也是白色的，可以一望就知道。

鴨子是喜歡水的。本地另有一種鴨，可以養在岸上或泥塘裏就行，本地人名為「泥鴨」。這種鴨很大，彷彿番鴨，有時一隻有七八斤重。這是製西餐的原料，味道不及梧州鴨，但比老鴨姆好得多了。

番鴨是從馬來亞和菲律賓輸入的，現在新界也有人飼養，牠們的肉是紅色的，味似羊肉，中國人更不喜歡。

番鴨

◆ 番鴨是原產美洲的疣鼻棲鴨（*Cairina moschata*）與家鴨雜交而來。

香港的狐狸

　　太平山下本來是很多迷信的。有洋迷信，有中國迷信。尤其是本地人，鬼怪的傳說和迷信更多。香港就有幾間很有名的鬼屋，又有猛鬼橋，筲箕灣的舊炮台也有女鬼迷人。但是奇怪得很，卻不見本地人說起有狐狸精迷人和狐仙的傳說。

　　本來，狐仙作怪的故事，在中國是流傳非常廣的。在舊時，北京和南京的那些古老大屋，十間有九間都是傳說有狐仙的。就是福建人對於狐仙也很迷信：福州人家多數供有「大仙」的牌位，連大聲提起「狐仙」兩字也不敢。但是一到廣東，「狐仙」顯然就失勢了。《聊齋志異》和《閱微草堂筆記》裏搜羅了那麼多狐狸精故事，卻少有「廣東狐狸」的。因此廣東人就從沒有用「狐狸精」這三個字來罵女人的習慣。

　　廣東的狐狸不成精，連帶香港也沒有狐狸的傳說了，然而這並非說香港沒有狐狸。

　　在香港很少有機會見到狐狸，然而香港確實是有狐狸的。不僅九龍新界一帶有，就是香港的山上也有。北京福州的狐狸，是像老鼠一樣住在人家裏的，你可以在屋脊和神樓上見到牠們，但是香港的狐狸卻是住在野外山上的，因此便不容易有機會見到了。

　　香港的狐狸是屬於南中國狐的一種，與福建廈門山上常見的野狐同屬一種。牠們的足跡遠及印度南洋。毛色是火紅的，本地人稱

為紅狐狸。大的有兩尺長，後面還拖着一條一尺多長的「狐狸尾巴」。這種狐狸棲在山洞裏，晝伏夜出，因此不易為人見到。牠們正如一切其他的同類一樣，最喜歡潛入人家的雞籠偷雞，但是最怕狗。

幾年以前，曾有人在新界梅林打死一隻母狐狸，發現了狐狸洞，捉到兩隻小狐狸，一雌一雄，送到植物公園去寄養，由他們養在園後山上有鐵絲網圍着的這一座小型動物園裏，後來一隻雌的咬破鐵絲網逃走了，僅剩下一隻雄的，後來也不知道到哪裏去了。有人說笑話：以後山上如有狐狸精出現，可能就是這一隻逃走的雌狐狸成精作怪了。

◆ 南中國狐即赤狐（*Vulpes vulpes*）的華南亞種，屬於犬科，現在在香港已很難見到。

赤狐

水母 —— 白蚱

　　我們在夏季乘輪渡過海，往往可以見到碧綠透明的海水中，有一團一團淺藍色棉絮樣的東西，在距離水面一兩尺深的水中，隨着潮汛浮沉，緩緩地自東向西流去。這並不是輪船上拋棄的廢物，而是一隻一隻的水母。

　　是的，夏天到了，是游泳的季節了，同時也是水母出現的季節了。從五月開始以後，這種奇怪的幾乎透明的生物，就在香港四周的港灣裏出現。牠們隨着潮水浮沉，有時會給高漲的潮水帶到沙灘上來無法退去，就在那裏給太陽曬成一灘腥水，變成一張薄皮。但是游水的人若是在水中不慎給牠們叮了一口，不僅肢體會紅腫，而且要發熱心跳，要一連痛上好幾天。

　　本地人俗呼水母為白蚱，是夏天海泳的人最怕的東西。牠們隨着夏天的進展愈來愈活躍，到了八九月更大批的出現，愈是天氣好，牠們愈加到處飄蕩。香港若干游泳棚，像西環的鐘聲等處，是最容易遇到白蚱的。

　　水母的形狀像一枚鮮菌，又像是一把張開的降落傘，下面拖着無數的觸鬚，在水中順着水流緩緩的飄蕩。水母的觸鬚像章魚的觸腳一樣，每一根上面附有無數的吸盤，能纏吸住任何東西，同時還注射毒液。在水中叮人作痛的就是由於每一個吸盤所注射出來的毒液，這本是用來麻醉水母所捕獲的當作食料的小魚蝦的。但是因

了牠每一根觸鬚上有幾十幾百個吸盤，一旦幾十根這樣的觸鬚纏到人的肢體上，所注射出來的毒液也就夠受了。如菲律賓附近海中產生一種水母，若是給牠叮了，往往能令人中毒致死。所幸香港海中所常見的水母，有的很小，根本不足為患。就是淺黃色較大的一種，也只能使被叮的部分紅腫麻木幾天，用酒精和普通消炎的藥膏塗一下就可以，是不致有性命之憂的。

水母的顏色有很多，但普通看來總是透明的乳白、淺藍或淺黃色。牠們的大小也很懸殊：小的僅有半寸直徑；大的卻可以像一張圓桌面。深海中還有一種水母，牠們下面有小魚蝦寄生着，小魚蝦利用水母底下的觸鬚林為避難所，同時還引誘其他的魚類來追趕牠們，以便水母用觸鬚纏住，大家共餐一頓。這種互相利用的合作生存辦法，是生物界最有趣的現象之一。更奇怪的是：水母從不用觸鬚叮這些寄生在牠下面的小魚蝦，牠們彼此之間似乎有一種君子協定存在。

中國舊稱水母為海蛇，説牠無目，以蝦為目，就是誤解了寄生下面的小魚蝦的作用。大的水母用石灰礬水壓出鹹水曬乾，便是我們在京菜冷盆上常吃的海蜇和羅皮。

◆ 水母為刺胞動物門的幾類動物的統稱，一般長有圓傘狀或鐘狀的身體，以及觸器和口腕。觸器主要由觸手組成，觸手上的刺絲囊用於捕食和攻擊敵害。

巴布亞硝水母

沙灘上的貝殼

我的耳朵像貝殼，時常懷念着海的聲音。

這不知是法國哪一位現代詩人的兩句斷句，我忘記了他的名字。我很喜歡這兩句詩，每見了孩子們從沙灘上拾回來的貝殼，就不禁要想起這樣的詩。而事實上也是，你如將貝殼貼近耳朵上去聽，由於外面的聲響傳到空貝殼裏所引起的回聲，使你覺得裏面好像還殘留着海濤的澎湃和風的呼嘯聲。於是就挑動詩人的幻想，認為雖然早已海枯石爛，久經滄桑，但是放在案頭上的空貝殼，只要你拿起來側耳去傾聽，裏面仍始終殘留着海的聲音。

夏天到海灘上去拾貝殼，可說是游水以外的最有趣的娛樂。這種娛樂對於成人和孩子是一樣的適宜。香港本是一個搜集貝殼的理想地點。只是開闢已久和遊客太多的沙灘，如淺水灣等處，已經不容易找到完整的和新奇少見的種類。有搜集貝殼癖的人，是該向較冷僻的以及離島的沙灘上去搜尋的。

不僅香港的海濱有多少種貝類，無法數得清，就是世上的貝類共有多少種，也沒有正確的統計。從前志秉先生曾寫過幾篇研究香港貝殼的文章，發表在《香港自然學家》季刊上，一共著錄了八十種。他的資料都是從香港島、九龍以及長洲、舶寮洲等處搜集來的。文章並不曾寫完，後來不知怎樣竟沒有繼續寫下去了。

「貝類」本來都是活的軟體動物，但我們在沙灘上所拾得的貝殼，裏面的「屋主」早已沒有了，而且經過海水的沖洗和日光的漂白，貝殼的裏外已經變得非常乾淨，因此，色澤也是啞暗無光的牙白色居多。這些「房屋」的主人，有些可以供食用，被人們認為是海中的珍味，有些可以作裝飾品。但大多數的貝類，好像自生自滅，除了牠們的空殼被人拾去作搜集品以外，對於人類沒有什麼關係。其實並非這樣。這些大大小小數不清的軟體動物，靠了牠們的分泌物將巖石和砂粒團結起來，造成一道堅固的防線，抵禦海浪和潮汛的襲擊。對於保持海岸崖面完整和防止水災，牠們實在是一批對於人類有益的無名英雄。

　　中國古時曾經以貝殼為貨幣，這就是寶貝的貝字由來。這種當錢使用的貝殼，是一種橢圓形的小貝殼，外面很光滑，淺黃色，口上好像有兩排牙齒。這種「錢貝」至今還被南太平洋許多小島上的土人當作珍物，成串的穿起來掛在身上。

　　構成海灘上那許多貝殼的原物，不論大小，若是殼狀是漩渦形或是筒狀的，我們大都叫牠們為螺；若是由兩片扁平的殼構成的，這便是蛤蜊蚶蜆之類。此外還有單片的，殼形像蛤蚌，但是只有一片，被我們通稱為鮑魚的石決明，就是屬於這一類。不過，構成沙灘上的數不清的貝殼成分，還不只上述三類。有許多細小的白珊瑚枝，以及小蟹的空殼，有時也成為搜集貝殼者的注意對象。

　　香港人常吃的響螺，牠的形狀就是螺類的代表形狀之一。響螺的殼外邊作污黃色，裏面有很厚的磁質，作淺肉色，閃閃有光。這種螺殼將尾部磨破少許，可以吹得響，所以稱為響螺，也就是古人所說的「大吹法螺」的法螺。這不僅被道士用來作招魂之用，就是一般漁船出海，有時也吹這東西來互相打招呼。

　　螺旋形的尖而長的筍螺，那模樣和寧波人所愛吃的海螄差不多，乃是沙灘上最常見到的貝殼之一。海螄是污黑色的，但是沙灘上的筍螺殼，經過多時潮水的洗刷和日光的照射，大都變成白色。沿着螺旋殘留着咖啡色的斑紋，色彩的雅淡該是女人夏季衣料圖案最好

的設計。還有一種芋螺，橢圓形像是小芋仔，殼上有黃色和黑色的網紋，非常美麗。

在香港海灘上最容易拾到的貝殼，除了白色的笥螺殼之外，便要數到本來該是兩片合在一起的蜆殼了。細小的白蜆殼，有的僅有半英寸大，其薄如紙，殼上也有一層層的暈紋。若是能找到一批完整的，由小至大排在一起，看來也頗有趣。古人說蛤蜆之類殼上的暈紋，是每經潮水一次就多一層的，像樹幹的年輪那樣，這話恐怕不可靠。

蜂房狀和蘭花形的珊瑚石，也該是在海灘搜集貝殼最不宜放過的東西。形狀整齊的珊瑚石，潔白無瑕，不僅放在案上可以作紙鎮，同時也可以放在熱帶魚的缸裏，或者埋在松樹和文竹的盆景裏作搭配。若是嫌所找得的珊瑚石不夠潔白，可以在雨天放在簷溜下去沖洗，隔了相當時日，自然會潔白的。

河蜆

暗色芋螺

大法螺

雙層笥螺

◆ 貝殼泛指軟體動物的外殼，種類形態眾多，深受人們喜
愛。文中提到的貝殼有法螺科、芋螺科、寶螺科等不同的種
類。歷史上，貝殼曾被不同國家的人們作為貨幣使用。

街邊和水邊的蛤姆

　　報上的「街頭巷尾」小新聞，記錄兩個過路人見到一家油店買油送手錶廣告的對話，一個說：「咁買一擔油又得個手錶，唔係好抵值？」另一個回答：「你真係傻嘅，有咁大隻蛤姆隨街跳咩？水野都唔定㗎！」

　　「有咁大隻蛤姆隨街跳？」這是一句廣東俗語，有時還要在開頭內加「邊處」兩字，加強這語氣。蛤姆就是青蛙，也就是田雞，在郊野的水田裏或香港山邊都很多，但是在大街上卻不容易見得到，就是偶然有一隻，也早已給第一個見到的幸運兒捉去了，因為蛤姆正是廣東人認為美味之一，煲田雞飯，走油田雞，是酒樓裏的熱門食製，因此，決不會有一隻蛤姆漏網在街上亂跳而無人去捉的。這就是「邊處有咁大隻蛤姆隨街跳呀」這句俗語的由來，表示世間決不會輕易有便宜的事情。即使有，實際上仍多數是「揾老襯」，因為「邊處有咁大隻蛤姆隨街跳呀！」

　　蛤姆雖不會隨街跳，可是一旦到了郊外或山邊水涯，牠們卻是隨處可見可捉的。蛤姆是兩棲類動物之一，通常可以分為青蛙、田雞和蝦蟆三大類，後者包括傳說中著名的「劉海戲金錢」的那隻三腳蟾，以及被人當作笑談的想吃「天鵝肉」的癩蝦蟆，還有本地人所說的「蟛蜞食月」的蟛蜞。其實也是這些東西，嚴格的說，牠們一律該稱為蛙，是兩棲類中的無尾類，有尾的是水蜥和火蛇。

香港的蛙，包括普通的青蛙和田雞蛤蟆，據說一共有十五種之多，其實有兩種是樹蛙，牠們是土黃色的，腳上有吸盤，能夠上樹捕食昆蟲，又能夠隨了環境變色，所以不容易被人察覺。九龍郊外另有一種「牛蛙」，棲息在山邊水溝裏，叫起來的聲音很古怪，「汪汪」如黃牛，因此名為牛蛙。美洲有一種牛蛙的鳴聲更大，叫起來往往一里之外都可以聽得到。

關於蛤蟆，本地人還有一句有趣的俗話「亞六捉蛤」。這是說登徒子在街上調戲良家婦女，被人設計騙到家裏，無法脫身，關起門來一頓毒打，或是剝去了外衣罰他沖洗屎坑。這就是「亞六捉蛤」，即「局住不得脫身」之意，現在也用來指一般擺脫不掉的麻煩手續。因為據說鄉下人捉田雞是在夜間用火照的，田雞見了火光便不動，任人捉捕，可是「亞六」不懂這方法，卻用東西去罩田雞，將牠局住，於是「亞六捉蛤」便成為笑話了。

因了捉田雞要用火照，走江湖看相算命，夜間在街邊舉起一盞油燈湊近顧客的臉上給他看氣色，他們行家術語也稱這動作為「照田雞」。這種情形，我們可以夜間在九龍的榕樹頭、香港的修頓球場時常見到的。這也是關於蛤蟆的一句有趣成語，誰說街邊沒有蛤蟆可捉呢？

澤蛙

黑眶蟾蜍

花狹口蛙

◆ 據目前的統計，香港有二十二種蛙和
蟾蜍。本篇所指的樹蛙為樹蛙科的斑腿泛
樹蛙（*Polypedates megacephalus*），牛蛙為
花狹口蛙（*Kaloula pulchra*）。

白蘭・含笑

　　從前蘇州的賣花女郎，挽着小竹籃沿街叫賣「梔子花白蘭花」，你若是指着香港的白蘭花樹告訴她說，這就是白蘭花，她一定不肯相信，因為蘇州花園裏的白蘭花，至多僅有二三尺高，人家栽在盆裏的，更只有一尺多高。賣花女郎每天所賣的用細銅絲兩朵穿在一起的白蘭花，就是從這些小樹上摘下來的，所以非常名貴。可是香港的白蘭花，戰前一個銅仙十朵二十朵。就是現在，一毫也可以買到五六朵。一棵丈餘高的白蘭花樹，一年正不知可以不斷地開出幾千朵花哩。

　　在香港市內，最容易見到的一棵大白蘭花樹，是植物公園側門外山坡上的一棵，地點就在鐵崗對上堅道的那條通到公園的斜路旁，就在那個管理交通的燈號的對面。這棵白蘭花樹已經粗得不止合抱，看來簡直有十餘丈高。在夏季開花的時候，因為樹太高了，站在樹下不容易看見枝頭細小的白蘭花，可是那一股幽香就夠你陶醉，尤其是在夜晚，差不多很遠就可以嗅得到。

　　白蘭是熱帶植物，葉子有蠟光，在東南亞一帶都很繁殖。雲南的白蘭花樹，其高大就不輸於香港。它們被稱為白蘭，是因為白色的花朵有點似建蘭，其實並非蘭科植物。

　　與白蘭花相似的是含笑花。它們也是常綠灌木，普通有四五尺高，有時可以高至二三丈。開花的時候，花販就沿街叫賣，因此，

你在早上可以聽到花販在叫賣含笑。花朵比白蘭略短，肥肥的一粒，像是一朵小型的未開的蓮花。含笑的香氣非常濃烈，嗅來有一陣很重的熟香蕉的甜味。這正是熱帶花朵特有的香氣。廣東鄉下的年輕女子，喜歡將一兩朵含笑夾在頭髮裏，使它終日散發着香氣。

含笑有時又稱為夜合花，因為那小小的花蕾在白晝是半開半合的。廣東的山歌有云：

　　待郎待到夜合開，夜合花開郎不來，只道夜合花開夜夜合，那知夜合花開夜夜開。

這是情歌，用夜合花反覆來比喻失約的情人和自己的寂寞，可見一般人對於這種花的愛好。含笑又有紫色的，但沒有白色的那麼香。又有大含笑小含笑之別，古詩有云：大笑何如小笑香，紫花那似白花粧。

白蘭

含笑

◆ 白蘭即木蘭科的白蘭（*Michelia alba*），常綠喬木，華南地區常作為行道樹；含笑為木蘭科的含笑花（*Michelia figo*），常綠灌木，用於綠化種植。二者皆有馨香的氣味。

老榕樹

木棉和榕樹，都是南方特產的樹木。榕樹枝幹橫出，往往可以
陰籠十畝，木棉則一枝挺秀，上聳雲霄。因此在木棉開花的春天，
時常可以從榕樹頂上望見綴着大紅花的木棉，高出四周綠陰之上，
如鶴立雞群。這種情形，就是在本港多樹木的山坡上，也隨時可以
發現。

為了這種特性，木棉有英雄樹之稱。至於榕樹，則因了它喜歡
寄生在他種樹木之上，起初不過是一小枝，後來逐漸長大，根枝四
出，往往將原來所寄生的那棵樹包圍，使它不見天日，得不到陽光
水分，以致枯竭而死，因此有霸王樹之稱。廣東人最喜歡在榕樹叢
中植一兩株木棉，使它們高出榕樹之上，形成英雄壓倒霸王的場面。

南方人見慣了榕樹，不以為奇，可是一個初到這裏的北方人，
第一次見到榕樹，才真夠他驚異。他以為是幾十棵甚至幾百棵小樹
生在一起，其實僅是一棵大樹。那些無數小樹，乃是由大樹上的根
鬚，從枝上垂下來，鑽入土中，長大後便變成一根新樹幹。這種根
鬚，被稱為氣根，可以循環生長，使得一棵榕樹化成一間屋甚至幾
間屋那麼大，使它本身成為一座樹林。廣東鄉下就有好些地方有老
榕樹的根枝結成了拱門，可以容行人車馬通過，號為榕樹門。從前
香港利園山上也有一棵著名的大榕樹，有人在榕樹上裝了電燈，將
那下垂至地的無數枝根分成一間一間的茶座，成為一間很別致的茶

榕樹

室。可惜隨着利園山的剷除,這棵有名的百年老榕樹也被砍倒了。

　　榕樹又被廣東人當作風水樹,往往在扼要的地段植上幾株,藉以增加形勝,廣大的濃蔭就成為鄉人聚談休息的理想地點,因此,就有榕樹頭講古的成語出現。香港九龍就有一個地方叫榕樹頭,也是大眾休息遊樂的集中地。

　　榕樹的樹身雖然大,可是中空不成器材,但也因此免於斧斤,所以時常可以見到百年的老榕樹。不過,樹身中空了,很容易觸雷引火,因此,時常有暴風雨中老榕樹被焚的新聞。正因為這樣,老榕樹「成精」的故事很多。香港從前就傳說灣仔妙鏡臺有一棵老榕樹成了精,作怪迷人,後來也在大風雨中給「雷神」劈死了。

◆ 榕樹是桑科榕屬的一大類木本植物,有一些榕樹的枝條上會生出「氣生根」向下垂落,等它們落入土壤後會逐漸變粗,慢慢成為支柱根。

香港的麻鷹

　　本地人稱鷹為麻鷹，上海人則稱老鷹，有些地方又稱鶚鷹、蒼鷹，其實都是同一種東西。在香港天空，乃至在內地到處所見的在高空盤旋着的，都是這種鷹。牠們喜歡在城市附近有人住的地方覓食，所以我們到處抬頭都可以見得到。

　　嚴格地說，牠們其實並不是鷹，應該稱為鳶，同鷹一樣都是屬於隼目的猛禽，古人所說的「鳶飛戾天」，就是指牠們。因了平日最常見，從許多時候以來，牠們早已成為鷹的代表了。

　　香港的麻鷹，喜歡在山中大樹頂上做巢，很少結巢在懸崖峭壁之上，這是牠們與海鷹魚鷹不同的地方。在國內，寺院裏的寶塔是老鷹最喜做巢的地方。春天是老鷹產卵孵雛的季節，牠們為了防護被人探巢取卵，上到塔頂上的遊人時常會受到意外的襲擊。

　　麻鷹不僅目力好，飛行的技術也極高明。終日盤旋高空，有時凝然不動，好像停在空中似的，然後翅膀一斜，便能從空中滑翔下來。牠們獵食的範圍很廣，從鼠雀雞雛、海中的魚、草叢中的小蛇，而至垃圾堆中的魚腸腑臟等，都是牠們在空中注意的對象。牠們從高空突然翻身下來獵食的迅速和準確程度，實在令人佩服。我們時常看見麻鷹像一陣黑影似的從海面掠過，隨即攫到一條魚飛走了。

　　麻鷹的巢很大。若是舊巢，由於每年修補整理，往往愈來愈大。有人在青山頂上發現一座鷹巢，從上至下足足有六尺厚。底下是用

樹枝搭成的，裏面鋪着乾草樹葉破布爛紙等，什麼古怪的東西都有。最有趣的是其中發現許多空紙煙盒。這種用馬糞紙做成的紙煙盒，被麻鷹認為是理想的鋪墊材料，郊外路旁隨處都有被遊人信手拋棄的空煙盒，於是，麻鷹的築巢材料也就取用不盡了。

　　麻鷹雖然時常許多隻一起在天空兜圈子，但是牠們彼此之間的友誼實在不很好，一發現了食物便要爭奪追逐。牠們的叫聲很特別，尖銳刺耳，一聽就知道這是鷹叫。在爭奪食物或在交尾的時候，牠們便發出這樣的叫聲。鷹的交尾是在空中飛行時進行的。起初是互相追撲飛掠，然後一上一下突然合在一起，一面繼續飛着，一面發出怪叫。

　　香港島上的馬己仙峽，以及海中的昂船洲上空，都是每天時常可以見到大批麻鷹盤旋的地方。

黑耳鳶

◆ 麻鷹即鷹科的黑耳鳶（*Milvus migrans*），
又稱黑鳶、老鷹、老雕、黑耳鷹、老鳶或雞
屎鷹，是香港數量較多的一種猛禽。

枸杞和枸杞子

　　枸杞古稱仙人杖，又名西王母杖，據說久服輕身明目，可以長壽。這功效是否可靠，我不知道。香港枸杞上市的時候很便宜，鴨蛋也便宜，買兩隻鴨蛋，一束枸杞，滾一大碗枸杞蛋湯，不要用味精，不必用上湯，吃起來自然清香開胃，又便宜又可口。能夠時常喝這樣的湯，縱然不會長壽，我想大約總不致短命了。

　　香港出產的枸杞很肥壯，普通摘下來賣的，連枝總有一尺多長。枸杞本是小灌木，若是野生的，可以像九里香等花木一樣，高至丈餘。但是市上所售充食用的枸杞，都是每年在園地裏栽種出來的，至多只有一二尺高，因為目的是要它的枝葉多，可以摘了一批又長一批。

　　上海人稱枸杞為枸杞頭或枸杞菜。雖然也有菜園裏栽種出來的，但市上賣的總是從野生的枸杞樹上摘下來的嫩葉居多，所以稱為枸杞頭。這本是春夏之交有名的野菜之一。除了枸杞頭之外，還有馬蘭頭、薺菜、金花菜，都是江南原野裏有名的野菜。雖然市上儘有得賣，但是一般人家總是喜歡乘春天郊遊之便，自己動手到郊外去找。縱然採得的僅是一小撮，回來炒了吃起來，總覺得特別有滋味。

　　枸杞不僅葉可吃，就是一粒粒朱紅色的枸杞子也可以吃。這也是中國藥材中常用的藥品之一。香港食物店裏所出售的燉品，總喜歡放進一些枸杞子同燉，稱為淮杞，如淮杞水魚、淮杞乳鴿之類，

枸杞

湯裏的那一粒粒紅色的東西，便是枸杞子了。

　　枸杞別名仙人杖、西王母杖的原因，是因為中國的藥學家相信枸杞有許多玄妙的醫藥功效，近於仙草的原故。相傳枸杞的根，年代多了，能變為犬狀出現，吃了可以成仙，稱為瑞犬。這當然是傳說，但枸杞的老根，年歲多了，長得古拙盤曲可愛，倒是真的事實。因此，枸杞根也是中國園藝家所愛蓄的盆栽之一。一棵古老蒼勁的枸杞根，抽出幾枝嫩葉，到了秋天使結出纍纍的朱紅色的枸杞子，實在是極可玩賞的盆景，不下於天目松和廣東的水橫枝。

◆　枸杞為茄科植物枸杞（*Lycium chinense*）；枸杞子即枸杞的果實。

香港的野蘭

　　香港的巖石樹根和陰濕的山坡上有很多野蘭花。據已經被人發現了的來說，這些野蘭共有三十九科七十五種之多。一九三七年，曾有人用英文寫過本薄薄的小冊子，將其中的二十種加以介紹。香港的野蘭，都是屬於被保護的野花之列。如果想採集了來作標本或研究，是要先得到園林署的書面許可的。

　　野蘭花大約可以分成三種。一種是像普通花草一樣，直接生長在泥土上的。另一種則攀附在其他的樹根或巖石上面。再有一種則是寄生在朽木上的。屬於前兩種的野蘭最多，第三種很少見。香港所見的野蘭多是第二種，因為熱帶生長的野蘭花，多數是這樣攀附在巖石或其他植物上的。

　　野蘭花在植物界是一個龐大的家族。由植物學家分類著錄者已有七千五百種之多，但據他們說這個數字距完備兩字尚遠，因為世界上幾個出產野蘭最多的地方，還未仔細去搜索研究過。據說，新幾內亞、爪哇、菲律賓群島、美洲中部，都是盛產野蘭的地方。新幾內亞三十萬方里的地面，共有野蘭二千二百種之多。菲律賓群島的十一萬六千方里的地面，也有七百二十三種之多。香港出產的種類，若依據土地的面積比例來說，也不算少。因為香港僅有三百九十方里的地面，但是已經找到有野蘭七十五種之多，所以很可驕傲。至少，香港出產的野蘭，若依據土地面積比例來說，已經

多過英倫三島不知若干倍。因為英國本國的十二萬一千方里的土地，僅生產野蘭五十種而已。

　　據有過實地搜集香港野蘭標本的人說，野蘭花在香港分佈的地域非常廣泛，只要懂得去尋找，幾乎隨地可以找到許多種。凡是多草背日的山坡，以及大樹根下、巖石的腳下、瀑布山澗的兩旁，都是盛產野蘭的地方。不過，生長在這些地方的野蘭，都是常見和花朵小的。若是要找稀覯和花朵大的野蘭，那就要向人跡罕到的懸崖峭壁和山頂上去尋。香港三千二百六十一尺高的馬鞍山頂，就是一個出產野蘭著名的地點。只要你爬上去，每年的任何時間，都可以有機會見到一兩種野蘭在開着花。此外，大帽山頂、扯旗山北面的峭壁、赤柱面海的懸崖上，都是盛產野蘭的地點。

　　香港最常見的野蘭，是一種開粉紅花的竹蘭，每年七八月間開花。另有兩種常見的美麗野蘭，則是本地人稱為石仙桃和鶴頂蘭的兩種。後一種花朵很大，外白內黃，每一朵可以有四寸闊。

◆ 開粉花的竹蘭為蘭科的竹葉蘭，石仙桃和鶴頂蘭見〈三月的野花〉中圖文。此外，香港還分佈有大而珍貴的野蘭——紫紋兜蘭，又名香港兜蘭（*Paphiopedilum purpuratum*）。

香港兜蘭

竹葉蘭

香港的龜與鱉

太平山下的烏龜很多，可以見到的有海龜兩種，水龜六種，泥龜三種，還有一種長尾尖嘴的大水龜，俗稱大頭龜，即所謂「呃倒大頭龜」者是也。

鱉也屬於龜一類。鱉與龜最大的區別，是鱉的頭上有一層光滑的薄皮，龜的頭上則是蒙着鱗甲的。海龜如玳瑁等的腳則成了鰭狀，牠們的角質的嘴有時彎而尖，形如鷹嘴。

海龜在七八月間要爬到沙灘上來產卵，牠們就是所謂綠頭龜，身體非常龐大，有時一隻可以重至四百磅。母龜總是在夜裏上岸來產卵的，中國向來認為會作怪的千年癩頭黿，可能就是牠們的同宗。本港南丫島的沙灘，就經常有海龜在月夜上岸來產卵。香港市上時常陳列着等候「善長仁翁」買去放生的大烏龜，也就是牠們。綠龜的卵和肉的滋味都是非常鮮美。英國和美國都有一種罐頭的綠龜湯，價錢很貴，是老饕的珍品。這種大龜在南太平洋的海裏最多，牠們不過偶然會出現在香港附近的海中而已。

另一種較小的鷹嘴海龜，就是所謂玳瑁，這是廣東特產，自雷州半島直至海南島都有。牠們的甲殼可以製成各種裝飾品。從前中國婦人最愛用玳瑁簪和玳瑁梳。

市上所賣的較小的淡水龜，都是生活在河邊或是泥塘裏的，這就是所謂金錢龜。肉的滋味不下於水魚。這是富人的食品。許多人只是將牠當藥吃，平時是很少吃龜肉的。他們相信金錢龜肉能解毒，患花柳病的人就要吃龜苓膏。正因為這樣，不僅做烏龜是一件不名譽的事，連吃烏龜也是不名譽的了。

其實烏龜肉是很好吃的。

本地人呼鱉為水魚，外江人則叫甲魚或圓菜，都是水龜的一種。只是頭上和甲殼上都有一層薄皮，腳趾上也有蹼。香港市上所賣的水魚，都是小小的「金錢鱉」，全從廣東運來；另有較大的稱為「山瑞」，則是從廣西來的。「鳳足山瑞」和「清燉水魚」是冬季的著名補品。

我說太平山下多烏龜，這話一點也不誇張。因為除了海洋生物學家在香港所著錄的十二種龜類以外，香港還有一隻烏龜，非常有名，牠的行動簡直同整個香港的生存有關。因為本地人傳說香港海中有一隻「神龜」，在海底沿了香港島的山腳緩緩的爬着，香港島是浮在水上的，如果這隻「神龜」環島爬滿了一圈，香港島便要「嘓嘟」一聲沉到海底去了——這個神話使我想到香港近來對於填海工程進行的積極，或者至少有一點用處，那就是這工程最少也可以阻礙或延緩了「神龜」的爬行。

中華鱉

綠海龜

◆ 大頭龜為平胸龜科的平胸龜（*Platysternon megacephalum*），又名鷹嘴龜；海龜為海龜科的綠海龜（*Chelonia mydas*），鷹嘴海龜即同科的玳瑁（*Eretmochelys imbricata*），由於人類的捕殺，綠海龜已經瀕危，玳瑁極危，兩者都被列入國家二級保護動物。金錢龜即淡水龜科的三線閉殼龜（*Cuora trifasciata*）；山瑞鱉（*Palea steindachneri*）屬於鱉科，生活在山區的河流、山澗、溪流和水潭中，這兩種也被列入國家二級保護動物。小的金錢鱉指中華鱉（*Pelodiscus sinensis*）。龜鱉目的動物在中國整體狀態都十分堪憂。

香港的大蝸牛

在香港的山邊和花園裏，甚至在路邊上，時常可以見到一種很大的尖殼蝸牛。每逢雨後或是夜晚所見的更多。這種蝸牛是尖長形的，身體很大，每隻起碼有三寸多長，大的有時更可以長至四寸。牠們最喜歡在黑夜爬出來，時常在路上給行人或車輛輾踏得粉碎。就是孩子們也喜歡將牠們一腳連殼踏碎來玩。可是無論怎樣摧殘，總不能障礙牠們的到處活動。

這是一種繁殖力極強的蝸牛，牠們的原產地是非洲。本港有這種蝸牛出現，不過是近二十幾年間的事，以前是沒有的。據本港園林署所出版的關於這種大蝸牛的調查紀錄，本港第一次發現這種蝸牛，是一九四一年四月，地點是跑馬地的山上。當時對海新界連一隻都沒有，可是過了不過十餘年，牠們的蹤跡已經遍及港九新界，繁殖得已不可勝數。一九四六年至一九四七年之間，園林署曾發動園丁農人加以捉捕，在短短的期間內，就捉到二十三萬六千餘隻，重量達一萬六千餘磅。

這種蝸牛在本港繁殖得這樣迅速的原因，據說與日本侵略有關。原因在一九四一年春天第一次在本港發現這種蝸牛時，為了數量不多，並未加以重大的注意，接着就發生戰爭，於是在三年零八個月的淪陷期中，誰還會顧到蝸牛，便造成了牠們絕對有利的繁殖機會。等到戰後發現牠們已經成了花木和農作物的禍害時，早已無法撲滅了。

這種非洲蝸牛，據說可以有十二年的壽命，一年以上就能產卵。牠們是雌雄同體的，所以繁殖力特別強。每一隻蝸牛一年能產卵三百枚，可以繼續十年不斷。牠們在夏天雨季的食慾特別強，常能在一夜吃光一片園地的全部新鮮嫩苗。

　　非洲蝸牛的繁殖路線很有趣，約在一個世紀以前，牠們藉印度洋的毛里西亞島作跳板，從非洲傳到印度，後來從錫蘭又傳到新加坡，這是一九二〇的事。到了一九三一年，連福建廈門也有了牠們的蹤跡。牠們大都是由蝸牛卵附在各種植物上傳入的。

非洲大蝸牛

◆ 香港的大蝸牛為非洲大蝸牛（*Achatina fulica*），又名褐雲瑪瑙螺，原產地為非洲東部，但由於被大量引進，目前已經廣泛分佈於亞洲、太平洋、印度洋和美洲等地的濕熱地區，威脅本地同類物種，成為世界百大外來入侵種之一。

可怕的銀腳帶

　　香港出產的毒蛇共有六種，其中最毒的一種，俗名銀腳帶，全身黑白相間；自頭至尾皆是如此，白色有時略帶淺黃，腹部也是略帶淺黃的白色。銀腳帶是一條毒得非常可怕的毒蛇，據專家實驗的統計，銀腳帶的毒，比一般眼鏡蛇要毒兩倍，比牠們同類金腳帶更要毒過二十八倍。

　　銀腳帶原產印度，所以印度最多。據約瑟‧法萊爾爵士説，曾有四個人打賭，説不怕這種蛇咬，於是他們特地用竹竿去撥弄一條銀腳帶，使牠發威向各人輪流咬了一口。其時是在夜晚。結果，第一個被咬者當夜就死去，第二第三人在次日清晨死去，第四人則經過一度垂危之後幸告無恙。第四人所以不死，大約因為一口氣連咬四人，毒液已逐漸稀薄減少的原故。

　　銀腳帶在香港咬死人的紀錄，據香港醫官的記載，一九三二年正月曾發生過一宗。被咬死者是一個十五歲的青年。他在九龍鑽石山捉到一條蛇，年少無知，根本不知道所捉的乃是一條最可怕的毒蛇銀腳帶，竟將牠帶回家中去玩弄，將蛇放進袖管裏去玩，結果給蛇在手腕咬了一口，當天便死去。後來這條蛇被家人打死了，由警方送到香港大學生物學系去辨認，才知道是可怕的銀腳帶。計長三尺三寸。這長度是少見的，因為普通在香港被發現的銀腳帶，大都是一尺半到二尺半之間。印度紀錄上所發現的最長的一條，也不過

四尺二寸。

　　銀腳帶是畫伏夜出的，白天幾乎不能視物，非經十二分的挑撥激怒，牠是不會輕易咬人的。上述的那一條忽然在少年的袖中嚙了他一口的原因，大約就因為袖內光線黑暗，牠便生猛起來了。

　　香港島上的柏架山、九龍的荔枝角、海中的昂船洲，過去都曾被人發現過銀腳帶。發現的地點包括自海濱至山頂。所幸區域雖廣，這種蛇並不繁殖，因此難得遇見。但牠究竟太可怕了，在香港若是見了全身黑白相間的小蛇，千萬不要冒失的去逗弄。

銀環蛇

◆ 銀腳帶即眼鏡蛇科的銀環蛇（*Bungarus multicinctus*）。

大南蛇

《楚辭‧天問篇》說：「靈蛇吞象，厥大何如？」俗話也有說：「人心不足蛇吞象。」蛇能吞象，這不過是文學上的一種想像。但非洲和印度的大蟒蛇，能夠吞小牛和豬鹿，卻是事實。

這種大蟒蛇，香港也有，不過沒有非洲出產的那樣粗大。有一年春天，沙田曾發現一條大蟒蛇，香港方面有許多人結伴去捉，沒有捉到，後來給當地的村人捉到了，據說長九英尺，重三十幾磅。

本地人稱呼這種大蟒蛇為大南蛇，因為是南方出產的。又因為蛇的皮可以製樂器，所以又稱琴蛇。京胡、二胡和三弦上所蒙的那一塊蛇皮，便是南蛇皮。現在更有人用牠們來製造銀包、女人的手袋和皮鞋。香港、九龍便有好幾家商店專門出售這類蛇皮的製品，並在櫥窗裏掛着整張的蛇皮。這些都是大蟒蛇的皮，不過牠們並非本地所產，而是從暹羅等處運來的。在那些地方，豢養大南蛇取皮，已經同養鱷魚一樣，成了一種新興事業。

蟒蛇在國內的分佈區域，從華中以下，沿浙江福建以至兩廣雲貴都有，其中以福建和廣西最多，而且所產的蟒蛇也最大。從前上海亞洲文物會的博物院裏陳列着一條大蟒蛇的標本，長二十英尺，就是從福建獲得的。

南蛇並沒有毒，牠們的武器是運用粗大的身體緊緊地將對手箍緊，使其氣絕而死。人類有時也會給牠們纏得窒息死去的。牠們對

待較大的動物都是這樣。若是蛙兔等小東西，牠們簡直張開大嘴一口吞下去便完事。蟒蛇吞下了較大的捕獲物後，便要在半睡眠的狀態中盤起來休息，靜待胃中食物的消化。

南蛇舊稱蚺蛇，關於牠有許多古怪不經的傳說。鄺露的《赤雅》說，瓊崖的黎族人捉捕蚺蛇，慣將紅色的婦人褻衣去引牠，蛇見了便蟠伏不動。又說如蚺蛇身上共有三種膽。旱膽能療目疾，水膽止瀉，另有一種護身膽，能在身內隨處走動，防護外來的打擊。這些話都未必可靠。

香港的蛇店裏也有南蛇出售。牠們大都被關在鐵絲籠裏，蟠伏着不動，將一隻鐵絲籠塞得滿滿的。

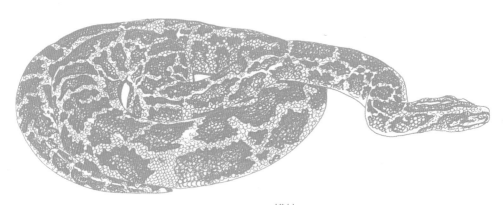

蟒蛇

◆ 大南蛇即蟒蛇，分佈在香港的種類主要是緬甸蟒（*Python molurus*），現已被列入國家一級保護動物。

緣木可求的海狗魚

　　在香港專賣海鮮的大酒家門口，不時可以見到有一種怪魚，養在木盆或特製的噴水魚櫃裏，多數同山瑞等養在一起，牠的形狀像大鰻魚和烏魚，周身有滑涎，可是有四隻腳，像是一條小鱷魚或是蛤蚧蛇，酒家稱牠們為海狗魚，認為是很美味滋補的東西。

　　海狗魚是兩棲類，喜歡棲息在淺水濱或山邊的溪水溝裏，頭部大而扁，兩隻眼睛很細小，前腳四趾，後腳五趾，全身烏黑色，有一條尾巴，那樣子與其說是像小鱷魚，不如說是像一條大蝌蚪。海狗魚普通有二三尺長，大的可以長至五尺，形狀實在很醜惡。香港、新界和大嶼山的山澗裏，也偶然可以捉得到海狗魚，不過香港酒家出售的多來自國內。廣東廣西福建的山嶺地帶都出產海狗魚，上海的黃浦灘和蘇州河裏也有。海狗魚在中國的棲息區域分佈很廣，從山西西南部、四川、揚子江流域，以至貴州都曾經發現過，閩廣一帶更不用説了。

　　海狗魚在中國方物志書上被著錄得很早，舊時稱牠們為「魶」，為「鯢」，俗稱孩兒魚或娃娃魚，認為是一種很神異的東西。《爾雅》釋魚説：「鯢，大者謂之鰕。」注説：「今鯢魚似鮎，四腳，前似獼猴，後似狗，聲如小兒啼，大者長八九尺。」

　　《水經注》説：「鯢魚聲如小兒，有四足。」郭璞注《山海經》，又稱牠們為「鰤」，説是聲啼如小兒，故呼為「鰤」。但説得最詳細

可靠的是《益州方物略》，作者宋祁記西川所出產的這種「魶」魚說：「出西山溪谷及鴉江，狀似鯢，有足，能緣木，其聲如兒啼，蜀人養之。」又說：「有足若鯢，大首長尾，其啼如嬰，緣木弗墜。」

　　將這類的描寫用今日所見的海狗魚來對證，大都正確符合，可見從前人所認為怪物的魶或鯢，其實就是海狗魚。甚至「啼聲如小兒」，也不是杜撰的，因為將海狗魚捉在手裏時，牠往往能發出「呀呀」的叫聲。

　　在中世紀的歐洲，海狗魚也被認為是一種怪物，稱牠們為「火蛇」（The Giant Salamander），說是能咬人致死，並且能避火。這是因為牠身上有滑涎，對於小火確是不怕。身上又能排泄一種毒液，使一般的動物不致咬牠，但並不能殺人。

　　海狗魚有腳，能從水邊爬上樹捕食樹蛙，所以，你有時可以在樹上捉到海狗魚。孟子認為不可能的「緣木而求魚」，給這事實推翻了。

大鯢

◆ 海狗魚不是魚，是隱鰓鯢科的肉食性兩棲動物大鯢，本篇所指的是中國大鯢（Andrias davidianus）。大鯢因為叫聲像嬰兒啼哭又被稱為娃娃魚。大鯢也為極危物種，是國家二級保護動物。大鯢主要以魚類和甲殼綱類為食，棲息在清澈、低溫的溪流或者天然溶洞中。

蜆與蠔

　　香港春天多霧，又多南風。南風一起，天氣就「回南」，這時就潮濕得令人渾身不舒服。有時天空又降下濃霧，白茫茫的一片，似煙似雨，不僅模糊了視線，就是呼吸好像也被阻塞了似的。這是沿海一帶春天常有的天氣，海濱漁民稱這種天氣為「落蜆天」，因為他們相信海邊所產的蜆，乃是在霧中從天空降下的。《廣東新語》云：

　　　　白蜆多生於霧。每年春暖，白霧瀰空，濛濛霂霂之中，土人知為白蜆落也，名落蜆天。白蜆者霧之屑也，霧白者曰南霧，南風之霧也。白蜆以春霧而生，以冬南風而熟，皆宜暄暖，若天盛寒則瘦矣。

《廣東通志》也說：

　　　　番禺海中有白蜆塘，自獅子塔至西江口，凡二百餘里，皆產白蜆。歲二三月，南風起，霧氣蔽空，輒有白蜆子飛落，微細如塵。然落田中輒死，落海中得鹹潮之力乃生，秋長冬肥，積至數丈乃撈取。

蜆有黃白黑三種，生在海中的色白，生在沙裏的色黃，生在河泥裏的色黑。黃蜆就是農曆過年時所賣的「發財大蜆」，又名黃沙蜆。黑蜆最賤。味道最好的是白蜆，牠的殼薄而且白，所以稱為白蜆。連殼用油炒，加一點辣椒醬，吃起來味道非常鮮美。

蜆的樣子像是小的蛤蜊，又像寧波人愛吃的毛蚶，不過毛蚶殼上有高低的瓦楞紋，蜆殼則是扁圓光滑的。香港海邊到處有蜆。從前九龍城海邊未曾擴充為飛機場時，那邊有一片很淺的泥沙灘，從宋王臺腳下一直伸至海中，每當傍晚潮退時，附近田家的孩子們總喜歡赤了腳到泥灘上去摸蜆。

蜆是窮人的食品，所以你在酒樓上是吃不到蜆的。海邊居民和水上人家，差不多將蜆當作是主要的肉食，因為他們有時連小魚也吃不起。

漁民相信春天下霧落蜆的原因，我想乃是由於潮濕而燠暖的霧氣在春天宜於許多生物的滋長，因此蜆有了霧氣便容易繁殖。廣東鄉下人有句諺語：「饑螺飽蜆」，說是海邊和河裏螺多則荒年，若是蜆多則收成一定好。可見如果這年春天多霧，不僅白蜆會繁殖，就是農作物和其他東西也會繁殖的。

蜆又有鹹淡水之分。牠們也像蠔一樣，有一定集中繁殖的地點，稱為蜆塘。從前廣東的地主們就視海濱和河邊的蜆塘為自己的財產之一，每年重價佃給人家取蜆圖利。

蜆的盛產季節，除了剝取蜆肉供食用以外，因為價廉，廣東鄉下人還用牠來餵鴨和充蔗田的肥料。秋冬之交，海邊有一種野鴨，專以蜆為食料，非常肥美，被稱為蜆鴨。

除了白蜆黃沙蜆之外，廣東海中還出產一種有名的蜆，名金鉸蜆，又名金口蜆。據說在南漢時代曾被劉鋹列為御食，禁止民間採集。又有一種無耳蜆，出在韋涌，則是同南宋末年的小皇帝有關的。相傳陸秀夫奉了帝昺來到韋涌，當地漁人進蜆，帝昺食而美之曰：「惜不令其無耳。」於是韋涌出產的蜆從此便無耳。後來那個進蜆的漁人封了官，死後配祀將作大匠梁公廟中，稱為蜆子丈人云云。

這是傳說，未必可靠。因為帝昺就是後來陸秀夫負在背上在崖門一同投海的那個小皇帝，他不過是個襁褓小兒，未必會懂得吃蜆的。因了這個南宋小皇帝曾在九龍大嶼山以及廣東濱海一帶流亡過，所以，這些地方關於他的傳說特別多。

廣東還出產一種比蜆較大的介類，本地人稱之為蟟，據說聞雷則生，所以稱為蟟。蟟同蜆蠔一樣，都可以「種」的。種蟟的海濱地方名為蟟田，番禺一帶最多。蟟在冬天最肥，採蟟的人在泥灘上用腳向泥中摸索，碰到有蟟就拾起來，謂之踢蟟。

廣東人吃蟟喜歡先將蟟肉起出來，同其他的配料啄在一起，然後再釀入蟟殼內，蒸熟了吃，稱為釀蟟。這是鄉土食品，據說以新會最有名。以前香港就有一家小食品商店，有特製的家鄉風味的釀蟟出售。除了蟟以外，蜆肉也可用這方法起出來製成釀蜆。

與蜆蟟相似的蚶，被寧波人視為珍味的，廣東人則很少吃。近來香港上海店裏出售的蚶子，號稱寧波毛蚶，其實是從潮汕近地運來的，所以價錢不貴。蚶子是用滾水一燙就生吃的。不知怎樣，廣東食家可以吃魚生，對於鮮血淋漓的蚶子卻不感興趣。其實，惠潮一帶有蚶田，出產蚶子很多，舊時稱為天臠，因為可以生吃不必烹調，滋味很甘，所以稱為蚶子。可見廣東有些地方也是喜歡吃蚶的。

蜆蚶一類的東西，在濱海一帶地方多而價廉，味道卻鮮美，可說是窮人的口福。但舊時連這樣賤價的東西也吃不起的人盡有。廣東從前有名的「清官」何經有一個笑話，據說他罷官鄉居，門前有賣蜆的經過，偶思食蜆，可是探囊無錢，夫人嘲之曰，何不書「清」字售之，何大笑而止。

蜆

蟟

血蛤

◆ 蜆是雙殼綱簾蛤目蜆科水生軟體
動物的統稱，蟟是比較大個的蜆，其
體種類無法考證。

啄木鳥

　　據說全世界的啄木鳥共有二百五十種之多。中國可以見到十八種，有十二種是獨有的，馬來亞可以見到的也有二十五種。但是香港所能見到的啄木鳥僅有一種，是屬於福建區域特產的野鳥，被稱為「福建青灰啄木鳥」。牠們只棲息在新界屏山林村谷一帶多樹木的地方，不常飛到香港島上來。這種啄木鳥是青灰色的，雄的頭上有一撮紅毛，雌的沒有。多數的啄木鳥都是頭上或兩頰有紅毛的，有的尾下也是紅的，這是牠們的特色之一。

　　啄木鳥是一種古怪而有趣的小鳥。牠的生活方式最特別，喜歡攀在樹幹上用牠的鐵嘴將樹身啄得發響，一連串「啪啪」的響聲。你在樹林中如果聽到這種像是木匠敲木板的響聲，循這聲音去找，很容易就可以在樹幹上見到牠。尤其是頭上的那一塊紅色容易惹人注意。牠們會全身貼在樹幹上，啪啪地啄一陣，然後向上爬幾步，有時又會向下倒退。

　　啄木鳥就靠這方法，從樹皮的下面和枯朽的樹心裏，找昆蟲和昆蟲的幼蛹來維持生活。因為要靠一張嘴來生活，牠的嘴生得特別長而利，是錐形的，所以能啄開樹皮。牠的舌頭也很長，尖端還有倒刺，可以從樹身的裂縫裏將昆蟲鈎出來。為了適應這特殊的生活方式，啄木鳥的頸部也生得強勁有力，以便可以靈活地接連啄樹而不疲倦。牠的腳上僅有四趾，攀在樹上時兩趾在前，兩趾在後，可

以非常平穩。牠的尾羽是像鵝鴨的翅羽那樣有彈性的，攀在樹上時便用這種有力的尾巴抵着樹幹，藉以維持平衡。

中國古稱啄木鳥為鴷，又名斲木。説牠會畫符咒，所以能夠吃到樹裏面的蠹蟲。《博物志》云：「此鳥能以嘴畫字，令蟲自出，今閩廣人巫家收其符字以收驚療瘡毒。」又説牠會在地上以爪畫符印，樹穴自開。小偷就模仿牠所畫的符印去偷啟人家的鎖鑰。這些傳説雖然很有趣，可惜是無中生有，而且抹煞了啄木鳥攀在樹上逐處找蟲吃的辛苦。更荒唐的是因為啄木鳥能夠啄樹取蟲，舊時走江湖的郎中，更用牠燒灰來醫治人家的牙痛，説是能治牙中的蛀蟲。

另有一種與啄木鳥相似的小鳥，也喜歡攀在樹幹上，時常側着頭像是傾聽什麼似的，因此俗名「歪脖」。其實牠並不啄食樹裏面的其他昆蟲，而只是啄食樹幹上的螞蟻。

灰頭綠啄木鳥

蟻鴷

◆ 啄木鳥是啄木鳥科一類鳥的統稱，本篇所述的福建青灰啄木可能為灰頭綠啄木鳥（*Picus canus*），又名山鴷、山啄木；「歪脖」指的是啄木鳥科的蟻鴷（*Jynx torquilla*），它們在啄木找蟲的時候會不斷地扭動脖子。兩種啄木鳥都以昆蟲為食。

香港的海鮮

　　香港的海鮮是有名的。對於吃海鮮，香港人有兩句俗語：「欲吃海上鮮，莫計腰中錢。」這是說海鮮的時價不同，隨了氣候節令，海鮮的大小和捕獲的地點，以及「生猛」的程度而異，因此代價是無法預算的。

　　本來，所謂海鮮，應該包括魚蝦蟹介，凡是可吃的海產都可以稱為海鮮，但現在本地人提起海鮮，大都是指魚蝦，甚至僅指魚而言。譬如酒家在報上所刊的酒菜廣告，其中有一項便是「原條海鮮，足一斤十兩」，這就簡直將海鮮兩字作為魚的代名詞，而這裏所說的魚，又往往僅是指石斑而言。

　　石斑可說是香港海鮮的代表，是香港出產的鹹水魚之中最享盛名的一種，那模樣頗與江浙有名的「桃花流水鱖魚肥」的鱖魚相似，因此在外江人眼中看來也不陌生，也對牠有了好感。這益發造成了石斑的地位。凡是初到香港來的外江人，一定會自動地或被朋友請去試一試香港的著名海鮮滋味，而所嚐到的第一樣往往總是石斑魚。於是石斑自然就成為香港海鮮的代表了。

　　其實，石斑在本港的海鮮之中，並不能算是真正的上品。香港人吃魚，有一句經驗之談的口訣：「第一鱠，第二䱛，第三馬家郎。」馬家郎是指馬頭魚。這都是認為味道好的家常吃的鹹水魚，其中並未提到石斑。至於真正上品的海鮮，有人認為應推比目魚類的龍脷、七日鮮等。賣魚的行家和吃魚的行家都是這樣說，牠們平時在魚枱上的價格也比石斑高。海鮮的首席根本輪不到石斑。

　　據酒樓中人解釋，造成石斑魚這樣有名而暢銷的原因，是因為石斑肉多

刺少，味道也不錯，而且產量多，四季皆有，並且性長耐活，養在魚池裏多天還很生猛，同時價錢又不太貴，對於賣家和吃客方面都合算，所以，一般人吃起海鮮來總是來一條「清蒸石斑」了。

就石斑魚本身來說，牠們也有許多不同的種類。在香港仔的海鮮艇上，艇家會指着養在魚籠裏的石斑告訴你說：這是紅斑，那是花狗斑，另一條是蘇鼠斑，又有七星斑、泥斑、黃釘斑，還有聞名難得見面最名貴的老鼠斑，……名目很多，使你眼花繚亂，看不清楚也記不清楚，價錢也各自不同。結果只好由他給你選一條，由他索價。這也正是「欲吃海上鮮，莫計腰中錢」的另一原因。

海鮮中的魚鮮，本地行家認為最上品的乃是「七日鮮」和龍脷，牠們的模樣都同撻沙魚差不多，是比目魚類。因為是棲息在深水底的，所以肉味非常嫩滑細膩。將七日鮮的肉同石斑的肉一比，恰好似將石斑同紅衫魚比一般，不比猶可，一比便覺得石斑雖然幼滑過紅衫，但比起龍脷和七日鮮，便相差很多了。七日鮮一類的名貴海鮮，不是一年四季在街市的魚枱上所能買得到的。尤其是活的，幾乎僅有香港仔的海鮮艇上才偶然有。因此價錢也就成為「時價」了。

魚也有肥瘦。石斑多肉，龍脷味鮮，但牠們都少油。喜歡吃肥魚的，則推薦鱠魚和青衣。鱠魚有時也寫作鯧魚，樣子頗似淡水產的邊魚。有花邊鱠、白鱠、雞籠鱠、黑鱠等等的分別，肉很厚，少刺，有油，味道非常腴美。無論清蒸、油煎和紅燒，都各有千秋。就是葡萄牙人的煙鱠魚，吃起來也別有風味。

青衣的模樣頗似鯉魚，而且都是大條的。牠們色澤很美麗，青綠而帶翠藍，我們可以隨時在專售海鮮的酒家門前的玻璃養魚櫃裏見得到。另一種與青衣相似的魚，紅頭鉤嘴，色彩比青衣更美麗，俗名鸚哥鯉，價錢比青衣較廉。據說有些酒家時常用鸚哥鯉來冒充青衣。因為這兩種魚活的時候雖有點分別，但煮熟以後便不容易看得出了。

同是青衣魚，艇家又將牠們分為牙衣、石蚌、冧蚌多種，據說其中以牙衣為最上品。我雖吃過多次青衣，但並未吃過牙衣，所以在這裏也是姑妄言之而已。

有一種類似石斑的大魚，名為龍躉，也是常被人提起的海鮮。酒家的菜牌上經常有炆龍躉頭、炆龍躉翅供客。龍躉是每條有幾十斤甚至百餘斤重的大魚，肉很厚，頗似外江產的鱘鰉魚。若是外江佬吃海鮮，叫酒家來一條整條的紅燒龍躉，便要鬧大笑話了。

　　在香港吃海鮮，烹調方法以清蒸為上，因為只有生猛鮮活的魚才有資格可以清蒸，吃起來自然滋味鮮美。其次是紅炆，近於外江人的紅燒，但沒有那麼味濃。至於用白汁茄汁或蘸了麵包粉油炸，那是西洋的吃魚法，已不足談吃香港的海鮮了。

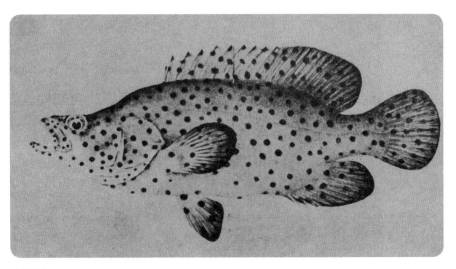

老鼠斑

◆　石斑魚是鱸形目鮨科石斑魚亞科魚類的統稱，紅斑、花狗斑、蘇鼠斑、七星斑、泥斑、黃釘斑等均為不同種類石斑魚的俗名。最名貴的老鼠斑為駝背鱸（*Cromileptes altivelis*）；青衣魚為隆頭魚科的舒氏豬齒魚（*Choerodon schoenleinii*）；有幾種石斑魚都被稱為龍躉，其中鞍帶石斑魚（*Epinephelus lanceolatus*）又稱花尾龍躉，黑斑石斑魚（*Epinephelus tukula*）又稱金錢龍躉，鱸滑石斑魚（*Epinephelus tauvina*）又稱巨石斑魚。

斑帶石斑魚

青衣

石斑魚

穿山甲 —— 香港動物界的冤獄

　　中古時代的歐洲人，認為蝦蟆能終年不食，形狀醜陋，一定是一個怪物。「怪物」是人的敵人，因此也是神的敵人。於是一個人的家裏有了一隻蝦蟆，或者恰巧有一位喜愛小動物的老太太養了一隻蝦蟆，她便要毫無問題地被宗教裁判法庭當作異端者來活活的燒死，而蝦蟆就是她的最重要的罪證。其實蝦蟆吃蚊蟲，是人類的好朋友，可是我們至今仍有人憎惡蝦蟆和青蛙，這實在是動物界的莫大冤獄。

　　動物界的另一個冤獄的受害者，乃是香港所出產的穿山甲。穿山甲的形狀很古怪，又喜歡生活在地底下，於是香港的人，尤其是新界的農人，他們相信穿山甲在地底下掘地道挖穿墳墓，專門偷吃死人的屍體，因此見了穿山甲就捕殺，連用法令來制止也無效。其實穿山甲根本沒有牙齒，牠專以白蟻的幼蛹為食，是用牠那特有長舌去舔食的，而白蟻正是香港物業的最大敵人。穿山甲在地底下活動的目的就是搜尋蟻穴，可是香港的人卻說牠想吃死人的腦髓，你說這冤枉不冤枉？

　　新界出產的穿山甲很多，就是香港島的山上邊偶爾也會發現。牠是亞洲現存最古怪的原始哺乳動物之一。在動物學上名為有鱗甲的食蟻獸。中國舊名鯪鯉，亦作陵鯉，又名龍鯉，用牠身上的鱗入藥，據說可以治小兒驚風啼哭、婦人邪迷、腎虧耳鳴等症。價錢很

貴，這也是中國鄉下人喜歡搜捕穿山甲的原因。李時珍的《本草》上說：「其形肖鯉，穴陵而居，故曰陵鯉，而俗稱穿山甲。郭璞賦謂之龍鯉。《臨海記》云，尾刺如三角菱，故謂石鯪。」

穿山甲形狀與犰狳很相似，但全然是兩種東西。犰狳僅產於西半球，穿山甲僅產於東半球。亞洲出產的穿山甲共有三種，香港所出產的是屬於三種中國變種之中的一種。牠與犰狳最大的區別，就是犰狳的鱗甲是角質的，穿山甲的鱗甲則是由硬毛膠結在一起而成。穿山甲沒有牙齒，不能咬物或吃硬的東西，但有一條長而尖的舌頭，可以伸出嘴外很遠，迅如閃電。牠的尾巴雖然披滿鱗甲，但是能纏捲自如，這是牠爬樹時的輔助工具。穿山甲的腳爪非常尖銳有力，因此是掘地道的能手。牠為了搜尋蟻穴，能深入地底或爬到樹上。一發現蟻穴，就用牠那長舌頭閃電似的舐食蟻穴的幼蛹，牠並不吃長成的螞蟻。

一隻長成的穿山甲，可以頭尾長至三尺，鱗甲是紫褐色，尖端略帶灰黃。面部和身上無鱗部分，是略帶粉紅的白色，腹下有毛部分是淡紅的沙土色。穿山甲的自衛能力很薄弱，遇有危險時，使用尾巴遮掩頭部，縮成一團，用渾身的鱗甲來保護自己。

穿山甲在香港是受保護動物法令保護的，不許捕殺或售賣，為了牠能撲除白蟻。可是鄉下人仍見了牠就捉，偷偷地將牠出售，賣給人當藥料或補品。

穿山甲

◆ 穿山甲是鱗甲目穿山甲科哺乳動物的統稱。穿山甲是目前全世界最常被走私買賣的哺乳類動物，中華穿山甲及馬來穿山甲在 IUCN 紅色名錄中的保護級別均提升至「極危」，全部八個物種均面臨絕種威脅。分佈在香港的種類為中華穿山甲（*Manis pentadactyla*）。

菩提樹・菩提紗

菩提本無樹，明鏡亦非臺；本來無一物，何處惹塵埃？

　　據說這是禪宗六祖惠能所作的明心見性的偈語，用來答覆上座僧所說的「身是菩提樹，心如明鏡臺」的。因為上座僧將自己比作菩提樹，六祖卻能更進一步說：「菩提本無樹」，比他見得更徹底，因此能接受了五祖的衣缽。但我們是俗人，不能領會禪意，所以仍只好在這裏談談身外之物的菩提樹。

　　菩提樹當然以廣州光孝寺六祖殿前的最有名。但香港也有菩提樹，植物公園裏有，大坑上面的居士林也有一棵。我想香港的其他園林裏一定還有，只是我們不曾有機會見到過。

　　菩提樹很高，樹幹似榕樹，許多枝幹會纏在一起，結成一個粗大的樹身。樹葉則似肥大的桑葉，不過比桑葉更圓。這種樹的原產地是印度，是隨着佛法傳入中國的。相傳釋迦牟尼就坐在這種樹下得道，證菩提果，所以名為菩提樹，是佛家的護法樹。菩提樹還有許多別名，如阿沛多羅樹、阿輸陀樹、畢缽羅樹。這些名稱與「菩提」兩字一樣，都是梵語的譯音，據說就是「道」的意思。

　　在植物分類上，菩提樹是與榕樹同科的。著名的班遜姆氏的《香港植物志》，其中列舉了十幾種與榕樹同科的樹木，可惜所用的都是拉丁學名，不知哪一種才是我們中國人所說的菩提樹。

廣州光孝寺六祖殿前的菩提樹，相傳原本是六朝時智藥三藏法師從印度攜來種植的。但是今日所見的一棵，已非原物，因為原樹已經在清嘉慶二年（公元一七九八年）六月給颱風吹倒了。後來從南華寺分植了一枝過來，這就是今日所見的一棵。但南華寺的菩提樹，原本也是從六祖殿前的那棵原樹分植過去的，所以淵源有自，仍是一脈相傳。據說傳入中國的菩提樹，以廣州光孝寺的那一棵為祖，今日各地所有的菩提樹，都是從這棵輾轉分植出來的。

　　菩提樹的葉子，有一特色。將它浸在水裏若干時日後，漂去葉上的綠色成分，僅剩下纖細的筋絡，宛如薄紗，俗稱菩提紗。可以在上面寫字，可以作畫，又可以嵌作窗紗或燈紗，和尚往往製了送人，又可以賣錢。從前廣州六榕寺裏有好幾棵菩提樹，寺裏的和尚就將這種洗乾淨了的菩提葉擺在花塔下賣給遊人。香港的文具箋扇莊也有出售，這東西可以夾書，配了鏡框，也可以掛在牆上。

菩提樹葉

◆ 菩提樹（*Ficus religiosa*）是一種桑科的榕樹，原產於印度、中國西南部以及中南半島。菩提樹的葉子呈心形，有一個明顯延伸的頂端尾尖，洗去葉肉則可得到清晰透明、薄如輕紗的網狀葉脈，故名曰「菩提紗」，常被製成工藝品。

美人魚

　　香港人喜歡稱女游泳健將為「美人魚」，夏天到了，就是美人魚活躍的季節。香港是以出產美人魚著名的，曾經發現過兩條。熟悉水國滄桑的人，談起她們的歷史，都能夠如數家珍。

　　這種美人魚，可說是名副其實的美人魚，因為她們將傳說中的東西兌現了。所差者，只是她們是人而魚，不是魚而人而已。至於傳說中的美人魚，則除了雌的以外，還有雄的，實在不便一律稱為美人魚，最好還是稱她們為人魚。《新安縣志》卷三〈物產志〉云：

　　　　人魚長六七尺，體髮牝牡如人，惟背有短鬣微紅，雄者
　　　名海和尚，人首鱉身，無甲。雌者為海女，能媚人，舶行遇
　　　者必禳解之。諺云，毋逢海女，毋見人魚。此蓋魚而妖者。

　　所謂海和尚，大約就是和尚魚，據《三才圖會》說：「東洋大海有和尚魚，狀如鱉，其身紅赤色，從潮水而至。」

　　記載這種傳說中的人魚故事，最美麗的是《甌異記》。據說待制查道，奉使高麗，晚泊一山而止，望見沙中有一婦人，紅裳雙袒，髻鬖紛亂，肘後微有紅鬣，查命水工以篙投水中，勿令傷。婦人得水偃仰，復身望查拜手，感戀而沒。水工曰，某在海上未曾見，此何物。查曰，此人魚也。

相傳大嶼山從前有以漁為生的水居民族，名曰盧亭，屈大均說他們就是人魚，見《廣東新語》：

> 有盧亭者，新安大魚山與南亭竹沒老萬山多有之。其長如人，有牝牡，毛髮焦黃而短，眼睛亦黃，面黧黑，尾長寸許，見人則驚怖入水，往往隨波飄至，人以為怪，競逐之。有得其牝者，與之嬲，不能言語，惟笑而已，久之能著衣食五穀，攜之大魚山，仍沒入水，蓋人魚之無害於人者。

人魚的傳說，中外都有，丹麥的安徒生有一篇著名的童話，就是以傳說中的人魚為題材的，寫得極為美麗。這種海上傳說中的生物，據現代海洋生物學家的研究，認為可能是從前的航海家見了海中一種海牛誤會而起。這種海牛日本人名為「儒艮」，棲在印度洋直至澳洲沿岸，體黑胸白，雌的胸前一對乳房很發達，牠們像鯨魚一樣是海中的哺乳動物。雌的能用前鰭抱着幼兒在胸前哺乳，又喜歡抬高半身出水面來游泳，所以遠遠望來很像是哺乳的婦人。也許就是這種東西被東方的航海家輾轉傳述，變成美人魚了。

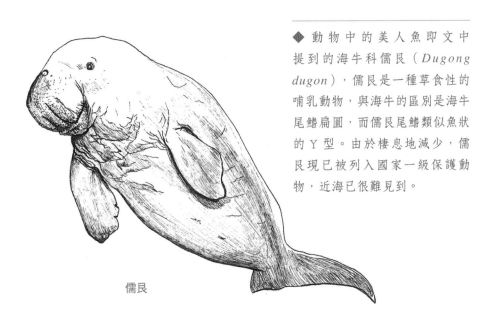

儒艮

◆ 動物中的美人魚即文中提到的海牛科儒艮（*Dugong dugon*），儒艮是一種草食性的哺乳動物，與海牛的區別是海牛尾鰭扁圓，而儒艮尾鰭類似魚狀的 Y 型。由於棲息地減少，儒艮現已被列入國家一級保護動物，近海已很難見到。

大樹波羅

前幾天遊大埔的康樂園，在進門的大路旁發現有波羅樹甚多，一共有十餘棵，有幾棵結實已經大如枕果，這才知道在香港可以見到的波羅樹，除了植物公園的一棵以外，原來這裏竟有這許多。（植物公園的波羅樹，長在俗稱花園仔近堅道的山邊。）

波羅樹即波羅蜜樹，所結的實即波羅蜜，俗稱大樹波羅，與我們所常見常吃的波羅全然是兩種東西。大樹波羅生在高大的波羅樹上，每一個大如西瓜，外殼青綠色，生滿了軟刺。波羅則是鳳尾梨，南洋人稱為黃梨，雖然也有結實很大的，但總是草本像椰菜番茄一樣成排種在田裏，俗稱波羅田。外江人沒有見過生在田裏的波羅，以為波羅一定是生在棕櫚一類的樹上，這實在是誤解的。波羅葉有刺如鋸齒，一叢一叢如仙人掌似地生在地上，波羅就生在正中心，新摘下來的波羅頂上，每每殘留着一叢鳥羽一樣的嫩葉，此即「鳳尾梨」這名稱的由來。

波羅蜜是佛家的名詞，亦稱優缽曇。俗傳波羅樹不花而實，有時也會開花，但極難見，所以佛經稱優缽曇花為難得的盛事。廣東的波羅樹，從前以番禺南海神廟前兩棵最有名。南海神廟的俗名就稱為波羅廟，廟前的水也名波羅江。

波羅蜜的原產地是印度，波羅廟前這兩棵波羅樹，相傳是六朝時有外國貢船來到南海，使者攜來波羅子，上岸種植，後來貢船忽

然揚帆走了，剩下這個使者，「其人望而悲泣，立化廟左，土人以為神，泥傅肉身祀之，一手加眉際作遠瞻狀，即達奚司空也。」（見《廣東新語》）這座達奚司空泥像，至今仍在，不過已經殘破了。至於那兩棵古老的波羅樹，因為這許多年不曾去遊過波羅廟，不知現狀如何。

南海神廟的波羅樹，相傳為嶺南所有波羅樹之祖。今日各地所植的波羅樹，都是直接間接從這兩棵樹分出來的。

波羅樹很高大，葉子有光澤，像是冬青或橘樹的葉子。樹幹有一特點，自根以上周圍生着小枝葉。波羅蜜並非結在樹頂上的枝幹上，而是結在樹身上的那些小枝葉上。有時兩三枝結在一起，小時長圓形如小杧果，成熟後可以大如斗，周身有隆起的軟刺，古人說它如佛頭上的螺髻。子囊像石榴一樣的合百數十粒為一球。味道香甜濃鬱，肉可以吃，每一粒的子核像栗子一樣，也可以吃。

波羅蜜

◆ 大樹波羅即桑科波羅蜜屬的波羅蜜（*Artocarpus heterophyllus*），聚花果呈球形，大而味甜，種子炒熟後也可食用。

苦惡鳥的傳說

　　苦惡鳥的別名很多，古人稱牠為「姑惡」，又名苦鳥。北方人稱為苦哇鳥，又稱苦娃子。牠是秧雞的一種，廣東人稱為水雞。

　　苦惡鳥是水鳥，動物學家稱牠們為「中國種的白胸水雞」，是中國民間傳說最多的野鳥之一。牠的土名叫來叫去總離不了「苦」字，就與這些民間傳說有關。

　　苦惡鳥是出產在南方的鳥，從我國的福州以南，直至緬甸、印度和南洋都有，因此香港也是牠們的棲息地之一。牠們有時在夏天會從炎熱的南方飛到長江一帶去避暑。這時正是牠們不停「苦苦」地叫着的季節。這也就是沿江各省發生關於苦惡鳥各種傳說的由來。

　　苦惡鳥的傳說雖多，但平常總不大容易見到。這是因為牠們不喜歡高飛，又不棲息在樹上，而是藏身在河邊或低窪地方的草叢中。雖然喜歡不停地苦叫着，但是一聽到有聲響，就寂然貼伏在草叢裏不動，所以很難有機會見到牠們。只有偶然在稻田或低地上覓食，無意被人撞見了，牠就一溜煙竄入草叢中，你這時才有機會可以看見。但有許多人，又不會知道這就是有名的苦惡鳥。

　　苦惡鳥的形狀像一隻瘦瘦的母雞，腳長尾短，全身約十一二英寸長，頭尖嘴長，嘴端綠色，嘴角有一段紅色，背上是灰色，胸上白色。我國向來說苦惡鳥是一種黑色的鴉狀水鳥，大約就是忽促一瞥之間所獲得的不正確的印象。香港新界一帶水田和小河的岸邊有

很多苦惡鳥，時時要出來覓食，我們如果到郊外去旅行，只要略為留意，很有機會可以見得到。苦惡鳥喜歡夜裏叫，聲音單調遲緩，「苦哇——苦哇」，時常整夜叫個不停。

關於苦惡鳥的中國民間許多傳說，可以歸納成兩大類。一類是說這種鳥為一個苦媳婦所化，被惡家姑磨折虐待而死，化為怨鳥，所以叫起來總是「姑惡姑惡」。蘇東坡陸放翁等人都有詠姑惡詩，可見宋朝已經有了這傳說。另一類傳說則與這恰恰相反，說是不孝婦所化。相傳有盲目老家姑，兒子出外，媳婦厭惡她，又欺她年老目盲，以蚯蚓拌飯給她吃，騙說是鰍魚，後來給兒子回來看見了，趕走媳婦，她就化為苦惡鳥，要苦叫整夜，才可以在河邊得到一條蚯蚓來充飢。

這些傳說都很悽惻，反映了中國舊禮教和封建家庭的生活陰暗，再加上牠的叫聲確是「苦哇苦哇」的很難聽，所以在黃梅天氣一聽到這種水鳥的叫聲，實在真能使人愀然不樂。

◆ 苦惡鳥屬於秧雞科苦惡鳥屬，又稱白腹秧雞，在香港常見的是白胸苦惡鳥（*Amaurornis phoenicurus*），棲息在湖沼、池塘、河岸邊，會發出「苦啊苦啊」的大叫聲。

白胸苦惡鳥

幼細的鐵線蛇

　　鄉下人在春天翻土鋤地，時常會從土中發現一種小蛇，身如蚯蚓，但是行動比蚯蚓靈活得多。這就是本地人所說的鐵線蛇，又名盲蛇。

　　鐵線蛇很小，至多僅有三四寸長，身體像蚯蚓那麼粗，但是尾巴特別尖細，這是牠的掘地工具。鐵線蛇像蚯蚓一樣棲息在地下泥土中的，牠的尖尾巴就是一具效果十分優異的掘土機。

　　棲息在土中的小動物，因為少見日光，不需要目力，因此雖然有視覺，也等於是盲目的，如田鼠等都是。鐵線蛇之所以又名盲蛇，就因為牠的細小眼睛，給頭上特別發達的鱗甲遮住，幾乎不能視物，所以稱為盲蛇。

　　鐵線蛇的身體特別光滑。普通的蛇類，從頭至尾用手摸下去，光潤柔軟，可是從下向上摸來，因有鱗甲關係，便成了披逆鱗了。但是鐵線蛇無論順摸逆摸，都光滑異常，這就是牠們被稱為鐵線蛇的原因。

　　許多蛇都是卵生的，僅有少數蛇類是胎生的，小小的鐵線蛇便是胎生蛇之一。所以農人掘土，往往一鋤掘下去，能掘出整巢的鐵線蛇。

　　鐵線蛇是無毒蛇，而且因為太小，又盲，根本不會攻擊人，可是本地人很怕鐵線蛇，認為如果不小心給鐵線蛇纏住了手指，這根

手指一定要斷，否則牠是不肯鬆開的。我們對於蛇類本來有許多不可靠的古怪傳說，從鐵線蛇能纏斷人的手指，正是這種傳說之一。

鐵線蛇因為頭小無目，粗看起來不易分辨頭尾，從前曾被人誤認為兩頭蛇。《續明道雜誌》云：

> 黃州有小蛇，首尾相類，因謂兩頭。余視之，其尾端蓋類首而非也。土人言此蛇老蚯蚓所化，無甚大者。其大不過如大蚓，行不類蛇，宛轉甚鈍。又謂之山蚓。

根據這描寫看來，牠們可以斷定毫無問題就是鐵線蛇。

盲蛇

◆ 鐵線蛇即盲蛇，是盲蛇科蛇類的統稱，生活在地下，體型小而細。盲蛇並非沒有眼睛，而是眼睛被鱗片所覆蓋。

幼細的鐵線蛇

芋姆芋仔

　　中國人對於芋的尊重，遠在薯仔番薯之上。雖然同是大眾的雜糧，但是芋卻列入山家清供，與筍蕨菰蒲一樣，成為齋食的妙品。中國舊小說裏就時常有深山古寺，老僧擁絮煨芋，向熱衷名利的來客談禪的場面。這是真的，將乾爽的小芋頭埋在熱炭灰中煨熟，剝了皮來吃，甘香清淡，這種滋味實在不是熱衷名利之徒所能領略的。在香港八月十五要用紅芽芋仔拜月，人們喜歡先期買了芋仔在太陽下曬乾，拜過了月宮就連皮煮了，剝皮點砂糖吃，滋味也不輸於煨芋。

　　香港街市上出售的芋頭種類很多。北方人所常吃的芋，頗近於本地的紅芽芋仔，通稱芋艿。據說這就是古時所稱青芋。但香港除了紅芽芋仔以外，還有白芽芋仔，此外還有檳榔芋和荔浦芋。後兩種每個都很大，有時一顆有幾斤重。檳榔芋切開來有檳榔花紋，所以稱為檳榔芋，吃起來最粉最香。

　　廣東的芋很有名，方書上說有十四種之多，春種夏收者為早芋，夏種秋收者為晚芋，它們與早稻晚稻並登，乃穀米之佐，所以俗稱「大米」。據屈大均說，廣芋之美者，首黃芋，次白芋，次紅芽芋，皆小，唯南芋大。南芋色紫生沙，甚可食。而白者尤良，又有銀芋，苗莖瑩白，與葉皆可生食。

　　芋的葉子很大，盛夏時看來恍如荷葉。不僅銀芋的莖葉可食，

就是荔浦芋的粗梗，剝去了外皮，裏面的梗心也可以醃酸或是炒來吃。香港山邊另有一種野芋，地下的根莖不發達，可是葉子很美麗，有些上面還有細碎的紅點。因此有人拿來作盆栽。就是普通的芋頭，也有人拿來栽在大瓦盆裏放在牆頭上的。

本地人稱大芋頭為芋姆，這個名稱雖與上海人的芋艿發音相近，其實意義卻不同。芋姆乃是指大的芋母。上海人所說的芋艿，「艿」字是「奶」之訛，這是本地人所說的芋仔。芋仔是附在芋姆上的。

廣東人過年，將檳榔芋切成細絲，用油炸成一餅一餅的稱為芋蝦。平時則多數將芋姆當菜吃，如扣肉、煮魚，多以芋姆作配，很少當點心吃。上海人則喜歡用糖煮芋艿，像廣東人的番薯糖水那樣，稱為糖芋艿。

芋頭

◆ 芋（*Colocasia esculenta*）是天南星科的植物，可食用部分是球狀地下莖。文中提到的芋都是芋的不同品種。

薯仔和番薯

　　薯仔和番薯最大的區別，乃是前者一定要煮熟才可以吃，後者卻可以生吃。兩者都是從外國傳入的，並非中國原生的植物，可是在中國久已滋生繁殖得非常普遍，已經漸漸化為中國本土的東西了。像葡萄、胡桃、胡瓜、胡蘿蔔一樣，只是在名字上還殘留着外來的痕跡而已。

　　香港近年經常有大批從內地運來的薯仔。這是我國西北邊疆的土產，不遠千里橫斷了大陸，運來供應香港民食的。薯仔本是南美洲的土產，十六世紀時始由荷蘭的航海家帶到歐洲，然後逐漸傳播到全世界。香港人至今仍呼薯仔為荷蘭薯，就說明了它的最初來源。北方人呼薯仔為土豆兒，它們在東北和蒙古一帶接壤的地方繁殖得最早也最多。這就說明了為何遼遠的西北能有薯仔運來供應香港的原故。那裏的居民像歐洲人一樣，也以薯仔為日常主要的副食，正如長城以南的人吃麥，黃河以南的人吃米差不多。北方人不像上海人那樣稱薯仔為洋山芋，而稱它們為土豆兒，就因為久已吃慣了這東西。

　　番薯據說是由葡萄牙人在明末才傳入中國的，但中國人對於它的愛好，比對薯仔更甚。我想這原因，可能是由於它們從田裏掘起來就可以往嘴裏送，成為貧民的恩物，是雜糧之中最普遍的一種，並且是荒年唯一的救星。

番薯在華中一帶最繁殖，比在華南和華北都更為普遍。香港人還在它的名字上保留一個「番」字，但北方人就乾脆稱它們為薯，白皮的為白薯，紅皮的為紅薯，上海人稱它們為山芋，以別於不能生吃的洋山芋。

　　番薯在長江一帶最被重視，這一帶出產的都是紅薯。舊時江北的窮人，如果年荒沒有「飯」吃，只好四出逃荒。若是年成好有「飯」吃，所謂吃「飯」，事實上也只是長年吃紅薯。若是紅薯湯裏能放一把米，那就等於香港人吃臘味飯或是煲雞飯了。長江上游的人對於番薯的稱呼更古怪，如江西和湖北人就稱番薯為苕，他們罵人為「蘿蔔苕」，就等於香港人的「傻瓜」。

　　香港所賣的番薯，有紅心番薯和白皮番薯之分。另外還有一種檳榔番薯，煮熟後是紫色的，廣東人喜歡煲番薯糖水，很少將番薯生吃的。事實上，香港的番薯根本不宜生吃，不像上海的紅心山芋那樣，削了皮就成了很好的水果。香港人更不吃「烘山芋」，想來是怕「熱氣」。但是在北京，「烤白薯」，是冬天街頭有名小吃之一。價廉物美，可以果腹，可以握在手裏取暖，是一舉兩得的好東西。

土豆

番薯

 薯仔即茄科植物土豆（*Solanum tuberosum*），也稱馬鈴薯、洋芋，可食用部分是塊狀地下莖。番薯（*Ipomoea batatas*）是一種旋花科植物，又名甘薯、紅薯、山芋、番芋、地瓜、紅苕、白薯，可食用部分為塊根。

談外江鱷魚

　　我國所出產的動物，為外國動物園所特別需求的，除了有名的熊貓以外，還有一種鱷魚。這種鱷魚所指的是我國特產的另一種鱷魚，並非南洋印度和非洲出產的普通鱷魚，也不是從前韓文公在潮州所驅逐的那種鱷魚，更不是本地中環「鱷魚潭」所見的兩腳「鱷魚」，而是出產在我國揚子江下游盆地和附近湖沼中的另一種鱷魚。牠在爬蟲分類上有一個專用的學名，稱為「揚子鱷魚」，因為這是除了揚子江以外，世界各處都沒有的。用本地人的口吻來說，這是道地的「外江鱷魚」。

　　揚子鱷魚比我們在電影上慣見的那些非洲產的大鱷魚為小，一般的只有三四尺長，但有時也可以長至七尺（非洲和印度南洋的鱷魚長十二尺至十五尺）。牠們喜歡棲息在淺水和沼澤地帶，因此在揚子江下游兩岸，安徽和江蘇兩省沿江各處的港灣洲渚和湖沼之間很多。牠們的集中棲息地點是蕪湖和南京之間的采石磯太平洲一帶。太平湖邊上也是很多，因此浙江境內有時也會發現揚子鱷魚，若是遇到長江水漲，鱷魚的巢穴被沖毀了，牠們便順水流散各處，那時就是蘇州河和黃浦江裏也有鱷魚了。因此，過去曾有人在上海馬路邊上也捉到鱷魚，這就是乘了潮水從溝裏爬上來的。

　　揚子鱷魚之所以有名，是因為牠們是目前在溫帶大陸上殘存着的唯一種類，與牠相似的是遠在北美的密士失必河流域出產的一

種，生物學家說牠們可能是同宗。因為遠在二百萬年以前，亞洲和美洲是有陸地銜接的，那時這種鱷魚很多，而且分佈區域極廣，從亞洲、美洲以至歐洲都有，甚至當時的英倫三島那一帶也有鱷魚，但是後來地殼和氣候發生變化，各處的鱷魚都滅絕或遷移到更炎熱的地帶去了。只有揚子鱷魚差不多仍存留在原來的地帶，繼續繁殖生存至今日。因此，目前除了在揚子江下游以外，世界各處都沒有這種鱷魚，是我國的特產動物之一，所以非常有名。

鱷魚有從水裏爬上岸集體遷移到另一處的習慣。從前人不知道，這就是構成韓愈為什麼能在潮州用一篇文章驅逐鱷魚那傳說的原因。

揚子鱷

◆ 揚子鱷又叫中華短吻鱷（*Alligator sinensis*），是中國特有的一種鱷魚，也是世界上體型最小的鱷魚之一，主要分佈在中國長江中下游地區及太湖。

紅嘴綠鸚哥

　　香港山上有野生的小鸚哥，紅嘴綠身，尾上開叉，乃是我們通常所説的最典型的紅嘴綠鸚哥。

　　鸚哥本來有多種，有純白、紅胸、黃胸。或者紅黃兼備五色的，更有一種頭上有一簇冠毛，俗稱鳳頭。牠們都形體較大。一般都稱較大的為鸚鵡，而將這種較小的紅嘴綠身者稱為鸚哥。

　　鸚鵡是熱帶的鳥類，以南太平洋所羅門群島一帶所產的最美麗，也最多。牠們是人類最愛畜的籠鳥之一。這不僅因為毛色美麗，而且更因為牠們的舌頭和氣管的構造，與一般鳥類不同，能夠學人説話，因此更成為人類的恩物。九龍有一家規模稍大的鳥雀店，就經常有這樣美麗的鸚鵡出售。鸚鵡成為中國封建帝王宮庭和富豪家庭的玩物，已經有很久的歷史，漢朝的詩人已經用牠們為歌詠的題材了。在西洋歷史上，羅馬時代的貴族階級不僅飼養鸚鵡作玩物，而且將牠們當作席上珍品。有時又將鸚鵡縱入獸籠中，看獅子老虎跳躍攫取鸚鵡取樂。

　　香港可以見到鸚哥的地點，是從跑馬地峽道上面為起點，向西直到香港仔一帶的山上。在香港島北面見到的機會比南面更多。鸚哥是喜歡成群結隊飛的，時常十餘隻或二十餘隻在一起，所以不遇見牠則已，一見到了總是一大群，這與香港另一種美麗的野鳥——藍鵲的習慣差不多。

鸚哥很喜歡紅棉樹。紅棉開花的時候，牠們時常在樹頂上啄取紅棉的花瓣取樂。花園道對面瑪利兵房的半山上，林木密茂，又多紅棉樹，因此在紅棉開花的春天，時常有機會可以見到牠們。有人説香港的鸚哥就在這一帶產卵哺雛。因為鸚哥是以樹洞為巢的，不易被人見到，所以無從證實。

　　鸚哥又喜歡吃榕樹的果實。九龍彌敦道一帶的大榕樹很多，鸚哥時常結隊飛過海去旅行，然後又飛回來。不知怎樣，牠們的棲息範圍總是以香港島為限，因此在新界從不會見到鸚哥，就是鳥類最多的林村谷也沒有。

紅領綠鸚鵡

◆ 紅嘴綠鸚哥即鸚鵡科的紅領綠鸚鵡（*Psittacula krameri*），又稱玫瑰環鸚鵡、環頸鸚鵡、月輪。紅嘴、藍尾，是香港常見的留鳥。

豬屎渣

豬屎渣，又名豬屎雀，是一種青黑色的白胸小鳥，尾巴很長，喜歡在垃圾堆、荒地、山溝水邊，以及人家園地裏覓食。行路時尾巴向上一翹一翹的。牠們不很怕人，見人來了「唧」的一聲飛走，人走開了又飛回原地。這是香港最常見的一種小鳥，並且，既名為豬屎渣，顧名思義，可知也是最被人瞧不起的一種小鳥。從前廣東人最喜歡鬥鳥，西關少爺和有閒階級喜畜畫眉百靈或是鷦鶉，沒有錢的人只好養一隻豬屎渣過過癮。

其實，講鬥勁或是唱工，豬屎渣決不輸過百靈畫眉，並且牠們還有一種長處，就是養起來容易養，一隻鳥可以活到五、六年，在鳥雀店裏的價錢很便宜，不似畫眉百靈矜貴難養。至於鷦鶉，好的善鬥的鷦鶉更是以黃金論價的。從前的廣州西關少爺可以為了一隻鷦鶉同人家打官司，請扭計師爺，弄得傾家蕩產。

香港的豬屎渣不會在樹上結巢做窩，牠們往往在樹洞、石壁的裂縫，或是磚牆的破洞裏安身，每年產卵兩次，所以一年有兩巢小鳥。每一巢總是五隻。

養豬屎渣的人，認為一定要從小養大，這才易馴，也好唱好鬥。因此小鳥孵出了至多半月以後，就給捕鳥的人捉去了。小豬屎渣養一個月以後，內行的捕鳥人就能分辨他們的雌雄，只有雄豬屎渣會唱會鬥，雌的根本不值錢，牠們就往往被放走了。這種情形恰恰與

畫眉相反，因為畫眉一定要大了以後捉回來才會唱。

豬屎渣的產卵期約每年的三四月，這時的雄豬屎渣最好鬥，也叫得最起勁，兩隻雄鳥為了爭奪一隻雌鳥，時常互相追逐幾小時不休。養豬屎渣的人，也就在這時使牠們相爭。他們先將兩隻鳥籠面對面排在一起，抽開了籠門。兩隻雄豬屎渣見了面，先是大家鬥唱，唱時撒開尾巴，並且抖着翅膀。唱完之後，若是有一隻從開着的籠門走進另一隻籠內，決鬥便開始了。牠們不是用嘴啄而是用腳爪相撲的，一面撲着一面還叫個不休。等到一方感到氣力不支繞籠逃走時，勝負便算決定了。鬥雀是要下注賭錢的，往往輸贏很大，而且容易滋事。因此在香港是被禁止的。

香港的上亞厘畢道、半山的寶雲道以及植物公園，每天清晨以及下午，都有養鳥者攜了鳥籠掛在樹枝上聽牠們練唱，這其中就隨時可以見到有豬屎渣。

◆ 豬屎渣為鶇科的鵲鴝（*Copsychus saularis*），黑白相間，在香港極為常見；鵪鶉（*Coturnix coturnix*）是雞形目雉科鵪屬鳥類，雄鵪鶉生性好鬥，中國很早就有鬥鵪鶉的歷史。

鵲鴝

比目 —— 撻沙・龍脷

撻沙魚有一個很香艷的別名：「比目」。《爾雅・釋地》說：

> 東方有比目魚焉，不比不行，其名謂之鰈；南方有比翼鳥焉，不比不飛，其名謂之鶼。

為什麼稱為比目魚呢？中國舊時的格物家加以註釋說：

> 比目狀似牛脾，鱗細，紫黑色，一眼，兩片相合乃得行，故稱比目魚。

這註釋將比目魚的形狀倒描摹得不錯，但是說牠只有一隻眼睛，而且要「兩片相合乃得行」那就錯了。比目確是一邊有眼睛，一邊沒有眼睛，但那有眼睛的一邊，卻是兩隻眼貼近生在一起，並非僅有一隻，而且牠在水中游動時是平游的，不似其他的魚類那樣豎着游的（比目魚的性格根本就不喜游動），因此牠並不需要「兩片相合乃得行」。這種情形，我們只要從本港任何一個街市的魚攤上找一條撻沙魚看一下就可以明白了。

比目魚是一個大族，撻沙魚不過是其中的一種。龍脷、尖脷、方脷、地寶、左口、花布帆之類，大家都是同宗。這類魚的眼睛，

有的兩隻一起生在右面，便用左面貼水而游；有的兩眼一起生在左面，用右面貼水而游。有眼和無眼的一面色澤不同，大都無眼的一面較淡，多是淡白或粉紅色，有眼向上的一面較深。比目魚類在初生時，兩隻眼睛本是同普通魚一樣的，但是從小魚漸漸長成時，兩隻眼睛就慢慢的移近到一邊了。

撻沙魚的肉很細，味道很鮮美，稱得上「幼滑」。至於龍脷，味道比撻沙更好。在價格上，撻沙是普通魚，龍脷則是像七日鮮那樣，是比石斑更貴的上魚了。

撻沙魚在江浙一帶的海邊也有，上海人稱為「箬塌魚」。這類魚有許多不同的俗名，有人稱為鞋底魚，因為那平板的扁身體頗像鞋底或腳板，因此英文也稱為的 Sole。《福州府志》上將撻沙寫作「蝶鯊」，但我以為不及屈翁山稱牠們為「貼沙」的合理。他在《廣東新語》上說：

> 貼沙一名版魚，亦曰左䰶，身扁喜貼沙上，故名。市歸
> 以貼牆壁，兩三日猶鮮，即比目魚也。

生魚貼在牆上兩三天猶鮮，那時沒有雪房或雪櫃，恐怕有點不可靠。

本地人關於撻沙魚有一句俗話：吊撻沙。這是說水上人終日在船上赤腳不穿鞋，就是偶爾上岸作客或購物，也只穿一對拖鞋，但是仍覺得不慣又不舒服。因此一有機會坐下，便趕緊脫下拖鞋，甚或率性赤着雙腳蹲踞在椅上，將一對空拖鞋放在椅底，這種情形就名為「吊撻沙」。現在已經用來指一般坐下來就喜歡脫鞋的習慣。

眼斑豹鰨

比目魚

◆ 比目魚是鰈形目魚類的統稱，兩眼在頭部的同一側，身體扁平，鰨亞目的比目魚又稱鰨沙魚，即撻沙魚。龍脷是廣東及香港對多種鰈形目（特別是鰨亞目）魚類的泛指，因魚身扁平，貌似舌頭（廣東地區稱為「脷」），故稱為龍脷或龍脷魚。

翡翠・魚郎

　　美麗的翠鳥，在香港可以見到牠們的地點和機會都很多。隨着天氣一天一天的和暖，許多在冬天離開香港的鳥類都先後飛回來了。在香港島四周的海濱，新界大陸深圳河的沿岸，尤其是沙頭角的海面，以及深圳河的出口，元朗對面的后海灣一帶，都是最容易見到美麗的翠鳥的地方。

　　本地人俗呼翠鳥為魚郎。顧名思義，翠鳥的羽毛應該是翠藍色的，但這僅是指翠鳥而言。另有其他幾種魚郎，牠們的生活習慣和形狀都同翠鳥一樣，但是羽毛卻不是翠藍色的。在香港可以見到的翡翠魚郎一類的鳥共有五種。其中兩種是正式的翠鳥，較大的一種名為白胸翡翠，小的一種名為小翠鳥，又名印度種或東方種的小翠鳥，一般所說的翡翠鳥就是指牠們而言。其他三種的毛色便不是翠藍的。一種是白身有褐色斑點的，被稱為斑點魚郎，還有一種同白胸翡翠差不多，頭上有黑毛，背上有藍黑色的，白胸的下半則變成橙黃色，珊瑚紅的長嘴，色彩可説與白胸翡翠一般的美麗。大約就因了那尖而長大的紅色嘴巴　。俗名稱為秦椒嘴，又名黑頭魚郎。另有一種與斑點魚郎差不多，可是形體較大，頭上的黑羽向後伸長，成為顯著的冠形。這種魚郎被稱大斑點魚郎，鳥類學家則稱牠們為喜馬拉雅高原斑點魚郎。這種魚郎在港僅偶爾一見，因為牠們要棲息在高山上，並且喜歡到大海或大河的入海處去捕魚。

世上出產魚郎最多的地方，是中東埃及一帶，那裏共有四十多種；其次是馬來亞，可以見到十六種。廣大的中國境內則僅有十種。不過香港卻很幸運，因為十種之中可以在這裏見到五種。

　　翡翠和魚郎雖以魚為主要的食料，但牠們之中卻有兩大派別：一派是棲息在水邊的，像鷺鷥一樣，僅以魚為食；另一派則棲息在樹林中，牠們除了吃魚以外，有時也吃海灘上的螺蟹以及草中的昆蟲。小翠鳥和斑點魚郎都是專門吃魚的。白胸翠鳥和秦椒嘴則除了吃魚以外，也捕昆蟲和蝦蟹。就毛色來說，不用說，最美麗的是小翠鳥。但白胸翡翠和秦椒嘴的朱紅長嘴看來也極動人。

　　翠鳥和魚郎都有一個壞習慣，牠們往往一對雌雄獨霸一個地段，不許其他同類闖入，見了就要發生爭鬥，因此，你從不會見到三四隻翠鳥在一起飛的。

白胸翡翠

藍翡翠

普通翠鳥

斑魚狗

◆ **翡翠**和**魚郎**指的都是翠鳥，本篇提到的**翠鳥**有白胸翡翠（*Halcyon smyrnensis*）、普通翠鳥（*Alcedo atthis*，文中的小翠鳥）、斑魚狗（*Ceryle rudis*，文中的斑點魚郎）、藍翡翠（*Halcyon pileata*，文中的黑頭魚郎）。

糯米包粟

　　到了夏天，街上整天的有喊着賣「糯米包粟」。包粟就是粟米。香港農家種粟米的人並不多，因此賣起來價錢倒不便宜，它被人當作是一種很時鮮的食品。酒樓裏的雞茸粟米的身價更名貴。這在北方人看了真要搖頭歎氣。因為粟米在北方正是棒子麵和窩窩頭的原料，乃是從前人家最普通的終年主要食糧。

　　粟米有粘糯兩種的分別。粘米包粟色黃，咬起來像吃普通白米飯那樣很有韌性，顆粒也較大；糯米包粟色白，吃起來像糯米飯那樣軟軟的，顆粒也較細小。香港很少見到新鮮的粘米包粟，所賣的全是糯米包粟。不知怎樣，我倒喜歡吃黃色較硬的一種，從小就是如此，一粒一粒用手摘下來吃，覺得特別有風味。

　　粟米在各地方有許多不同的名稱，上海人稱它為珍珠米，北方人叫玉米，華中又叫包穀；有些地方又叫玉蜀黍，這是一個古名，據說，最初是種在四川的，所以名字上有一個蜀字。但它其實是從外國傳入的，因此有些地方又叫它為「番麥」。

　　粟米的原產地是美洲。這是從前美洲印第安人的食糧，所以，即使在外國也有許多有趣的俗名，種類也很多。有一種綽號「鄉下紳士」，另一種名為黃金小雞，據說滋味最好。香港薄扶林的大公司農場裏也有種植。這些都是糯米的，吃起來軟而甜，罐頭粟米就是屬於這一種。至於黃色的大粒粟米，則大都磨成粉狀食用，辦館

裏所賣的老牌鷹嘜粟粉，是製西餅蛋糕和烹調西餐的主要原料，它其實就是外國「棒子麵」。

粟米是什麼時候傳入中國的，我一時找不出根據，但為時一定不會太久。因為，我國舊籍上所記載的各種黍秫種雜糧，其中並沒有一種是類似玉米的。想來大約像番薯或薯仔那樣，多數是在明朝傳入我國的。又從玉蜀黍一名看來，最初種植這東西的地點可能是四川。我國本來另有一種蜀黍（有時亦作蜀秫），也是外種，不過它是像稻麥一樣結穗而不是像玉米那樣一顆一顆的。《農政全書》說：

> 蜀秫，古無有也。後世或從他方得種，其粘者近秫，故借名為秫，今人但指此為秫，而不知有梁秫之秫，誤矣。別有一種玉米，或稱玉麥，或稱玉蜀秫，蓋亦從他方得種。

研究我國動植物最精確可靠的《本草綱目》著者李時珍，對於玉蜀黍也說：「玉蜀黍種出西土，種者亦罕，其葉苗俱似蜀黍而肥矮。」李時珍是明朝人，他既然說「種者亦罕」，可見那時一定傳入不久了。

玉米今日在我國北方已極普遍，惟所種都是黃色的一種，很少像香港所賣的「糯米包粟」。就是長江一帶所出的珍珠米，也是黃色的居多。每一隻都很肥大，差不多有七八寸長。北方一般農家不吃麥麵的（即普遍的麵粉），整年就吃玉米磨成的棒子麵。用棒子麵蒸成的饅頭，不稱為饅頭而稱為「窩窩頭」，從前這是北方窮人家一年四季的主食。雖然野史上說西太后也愛吃「窩窩頭」，但那怕是用玉石磨子磨成的上白麵粉攙了雞汁燕窩汁製成的，要幾兩銀子一枚，決不是窮人所常吃的「窩窩頭」。在國民黨的銀元券和金圓券的崩潰時期，在惡性通貨膨脹的時候，物價一日數變，北方的窮人有時苦得連「窩窩頭」也吃不起哩。

將曬乾的粟米炒得爆裂開花，拌以糖漿就成了時髦的「爆穀」。

這是南美洲的土風食品，名為 Popcorn。他們用形狀複雜的鋁製大機器鍋，用電力來炒，裝在蠟紙袋裏來賣，遊戲場和電影院裏最多。香港也有幾家這樣的新型小商店專製這種食品出售。其實，廣東久就有了自己的爆穀。過年所吃的大煎堆，裏面就是用爆穀作餡的。

粟米所含的澱粉質和糖質都很多。所以磨成粉可以製糕餅，又可以製糖。新出最嫩的粟米，它的梗心切成片還可當筍用。粟米初採下來時，苞內有一叢有絲光的白鬚，鄉間小孩子就將它當鬍鬚掛在嘴上來玩。

玉米

◆ 包粟即玉米（*Zea mays*），正名玉蜀黍，是全世界總產量最高的重要糧食作物。原產於中美洲，16 世紀時傳入中國。

行不得也哥哥

鷓鴣是春天的鳥。

「行不得也哥哥」，這是我們向來對於鷓鴣鳴聲的形容。仔細聽起來，那聲音確是有一點像是如此。可是香港的外國人，對於春天鷓鴣的鳴聲聽來卻不同，他們説牠的鳴聲所喊的是：Come-to-the-Peak-Ha-Haa（上到山頂來，哈哈）。

「行不得也哥哥」是雄鷓鴣的鳴聲。這其實是一句戰鬥的口號。雄鷓鴣天性好鬥，尤其在春天交尾期，牠決不容許有另一隻雄鷓鴣闖入牠的勢力範圍。為了徹底確定附近草叢中是否有另一隻雄鷓鴣，牠往往站在土丘的高處，一面注意守護着附近草叢中的牠的伴侶，一面提高了喉嚨「行不得也哥哥」的叫着。鷓鴣之間好像有一種「君子協定」，附近若果有另一隻雄的，牠聽見了這挑戰的口號，一定立刻接受，也用同樣的口號來回答，決不做小人，躲在草裏不開口。並且一面叫着，一面向那挑戰者所在的地點飛撲過來，見了面就撒開尾巴和雙翅來決鬥，直到有一方被鬥敗了，逐出這勢力範圍之外為止。

就因為這好鬥的天性，雄鷓鴣往往被人畜為鬥鳥來玩弄。並且，廣東的捕鳥者，就往往利用鷓鴣這種好鬥的天性，用一隻養馴的雄鷓鴣來誘捕牠們。他們稱這樣養馴的媒鳥為「囮」。將牠隱藏在草叢中，四周佈設陷阱，然後使囮發出「行不得也哥哥」的挑戰的呼

聲。附近若是有雄鷓鴣，牠聽見了這呼號，必定一面答着，一面循聲尋來，於是就不知不覺踏入了捕鳥者所設的陷阱羅網。捕鳥者就用這樣欺騙的手段捉到了牠們。

　　鷓鴣喜歡棲息在雜草茂盛的山坡上。若是草地上有松林和高低的土丘，更是牠們最喜住的地點。中國出產鷓鴣的地方很多，但最多的是廣州灣一帶和海南島。香港市上出售的鷓鴣，多數就是從雷州半島這一帶運來的，但新界一帶也有不少。本地人認為鷓鴣吃起來是滋補有益的，尤其能化痰養陰。專售燉品的小飲食店裏有「蟲草燉鷓鴣」出售，此外還有最為益食家賞識的鷓鴣粥。

　　鷓鴣是在草叢中做窩的，但這僅是指孵卵哺雛時而言。平日是隨地為家的，每天棲宿的地方從不相同。牠們不喜霧露，天氣一潮濕，便藏縮在草裏不肯活動。鷓鴣的飛行技術不很高明，拍着翅膀飛不多遠便滑翔着落下來，然後一溜煙跑幾步再鑽入草中。鄉下人相信鷓鴣的飛行是隨着月份遠近的，正月飛一節便停下，十二月則要一氣拍翅飛十二次才停下。

　　鷓鴣在廣東俗語中是一個不很好的名詞。「搲鷓鴣」，便等於「搵老襯」。

◆ 本篇所講鷓鴣即雉科鳥類中華鷓鴣（*Francolinus pintadeanus*），又稱中國鷓鴣、越雉、懷南、石雞，多在矮小山崗的灌木林中活動，雜食性，雄性好鬥。

中華鷓鴣

孔子家禽

　　孔子家禽就是孔雀，這個類似笑話的出典見於《世說》。據説梁國楊氏子，九歲，甚聰慧，孔君平詣其父，父不在，兒出，為設果。果有楊梅，孔指以示兒曰，此是君家果。兒答曰，未聞孔雀是孔子家禽。

　　這位姓孔的客人想用楊梅向楊姓的孩子開玩笑，不料反被孩子用孔雀向他的姓氏幽默了一下，可謂非常機智。不過，據説孔雀的「孔」字係作大字解，因為牠是鳥雀之中最巨型者，所以稱為孔雀。那麼，即使真是孔氏家禽，不僅不辱沒孔子，也不致辱沒孔雀。

　　孔雀的美麗在牠的尾巴，開起屏來金翠照眼，尤其富麗堂皇。女人很喜歡孔雀向她們開屏，引為榮事，説是同她們比美。其實這舉動若據靄理斯的性心理研究立場看起來，實在是很不敬的。因為只有雄孔雀才有美麗的長尾巴，而牠之所謂開屏，實際上只是衝動而已。

　　法國詩人阿坡尼奈爾的《動物詩抄》，其中有一首詠孔雀的，寫得非常妙，我記得魯迅先生曾譯過刊在《譯文》上。大意是説孔雀開屏的樣子很美麗莊嚴，自以為很了不起，可是牠忘了這樣做的時候，後面的屁眼已經露在外邊給人看見了。

　　這首詩雖然寫得很刻毒，但是卻無情的嘲笑了許多偽善者的裝模作樣。我覺得實在是一首很好的詠物詩。

其實，孔雀身上金翠燦爛的羽毛，在我們人類看來固然覺得很美麗；而在孔雀自身，則除了吸引異性之外，還有更重要的作用，那就是牠的保護色。據說，這種情形只有在南方熱帶的林中見過孔雀的人才可以領悟。因為在那些稠密高大的熱帶樹林中，蔚藍的天色，燦爛的陽光，有時太陽光從樹頂的隙縫漏下來，射在地上或樹葉上，幻成一個一個卵形的金圈。孔雀棲在這種樹林裏的大樹頂上，牠的全身羽毛的色彩完全同環境調和，尾羽上的那一隻一隻的金眼，完全與樹隙漏下來的太陽光混在一起，使人很難分辨。甚至頭上那一塊藍色和白色的羽毛，看來也像是樹梢露出來的藍天和白雲。所以，孔雀離開了牠棲息的地方以後，使人覺得牠的羽毛美麗，但在原來的生活環境裏，其實是具有很重要的保護作用的。

綠孔雀

◆ 孔雀是雉科孔雀屬的鳥類，有綠孔雀和藍孔雀兩種。藍孔雀（*Pavo cristatus*）又名印度孔雀，雄鳥羽毛為寶藍色，富有金屬光澤，分佈在印度和斯里蘭卡。中國本土的孔雀為綠孔雀（*Pavo muticus*），又名爪哇孔雀，分佈在東南亞和中國雲南省，現已瀕危，為國家一級保護動物。

海鏡 —— 明瓦

　　在香港邊界的東北角，沙頭角的對面，那一帶的海面西名為「噪林鳥小港」。這個古怪的名稱，據說是紀念在鴉片戰爭未發生以前，有一艘曾在這裏停泊過的英國軍艦，因為這艘軍艦就名為「噪林鳥號」。這地方的中國土名是沙頭角海，它乃是馬士灣的一個內港。

　　這一帶的海面，出產一種全身扁平的貝類，牠們的殼幾乎隨時可以在沙灘上見得到，有時成堆在一處。這種貝殼因為太薄，不能製紐扣，但是另有一個用途，它們可以嵌在窗上替代玻璃，這就是中國向來所稱的「明瓦」。

　　這種貝殼名為海月，又稱海鏡。因為牠們的殼具有可以嵌窗的特殊功用，外人向來就稱牠們為「窗門貝」。香港雖然四面環海，但是僅有沙頭角這一帶出產這種貝類。

　　我不曾在新界鄉下見過用這種貝殼嵌製的窗戶，但在廣東鄉下以及江浙一帶沿海的小城市，至今仍有許多人家的窗門是嵌有明瓦的。記得過去有一次在廣州附近的陳村碧江旅行，見到小巷人家的臨街窗戶，都嵌着這種明瓦，甚至有些短牆也是利用一種螺殼砌成的。

　　好的明瓦，薄而微帶珠光，若是磨成二寸見方的小塊，嵌在木格窗上（有些鄉下人則是用竹片作格，夾住一排一排的明瓦），微蒙透明，但是並不能透物，減低了強烈光線的刺激，其作用等於毛

玻璃,對於恬靜的鄉村生活環境非常適宜。我從前在江蘇崑山鄉下作客的時候,就曾對着這樣微蒙的明瓦窗,在一張舊方桌上讀書寫文章,消磨了一年多的青年時代生活。

往來江浙各市鎮的小河裏的烏篷船,小小的船艙裏的唯一透明工具,也總是這種明瓦,它們不僅比玻璃價廉,而且也不會打破。有些鄉下人家堂前的落地排窗,全部都是用明瓦嵌的。

菲律賓、馬來亞,以及南洋的若干葡屬殖民地,當地土人都學會了用明瓦嵌窗門的方法。據說這乃是葡萄牙人從中國學去,西班牙人又從葡萄牙人那裏學得了再傳到菲律賓和南洋的。現在澳門還有窗上嵌着明瓦的古老房屋。馬尼拉有一家小工廠,就用明瓦替代雲母玻璃製成西班牙式的鐵框小燈籠,式樣非常古雅可愛。

可以製作明瓦的這種扁圓形的貝類,小的直徑有三寸多,大的可以闊五寸。因為形圓而扁,所以舊稱海月海鏡。《新安縣志》說:

> 海鏡一名蠔菜,殼兩片合以成形。其肉名蠣黃,可以為醬,其殼圓如鏡,可作明瓦。

雲母海月

雲母海月拋光後

◆ 海月是雙殼綱雲母蛤科雲母蛤屬的軟體動物,貝殼扁平而透明,有雲母光澤,故又名雲母貝、海鏡。中國古代建築將其貝殼鑲嵌在門窗上,起透光的作用,稱為「明瓦」。

香港的老虎

　　冬天，正是老虎在香港出現的季節。香港本地並不出產老虎，凡是在香港出現的老虎必是來自外地的。牠們多數來自江西和福建，因為這兩處正是中國出產老虎最多的地方。牠們攀山越嶺而來，目的乃是冬季旅行，因此在香港不會停留很久，大都在新界的粉嶺、上水以至沙田之間停留三五日，然後又飄然遠引了。到香港新界來作冬季旅行的老虎，多數是單身的，只有雌老虎有時帶着一兩隻乳虎同來。老虎會游水，因此不僅冬天在新界會有老虎，就是在大嶼山以及香港島上，過去也曾屢次發生過出現虎蹤的事，這顯然是從新界大陸作渡海泳而來的。香港島上最近一次千真萬確出現老虎的新聞，是一九四二年淪陷期間的事，地點是赤柱警署附近，後來給一個印度差人用槍打死了。當時香港的一位著名自然科學家香樂思教授正囚在赤柱集中營裏，老虎也會在夜間闖入集中營的菜園，香樂思曾親眼見過那腳印。這隻老虎據說很瘦（在那黑暗的日子裏，每個人都餓瘦了，老虎自然也不能例外），因此有人認為是從豢養的獸籠中逃出來的，因為戰爭爆發時，正有一個馬戲班來到島上。

　　大嶼山的面積比香港大得多，可是人口少，山林又密茂，因此，在過去曾屢次發現虎蹤。鬧得最厲害的是一九一一年，差不多先後咬死了六十至七十頭豬。有一時期，大嶼山的鄉民將所養的豬搬到附近的小島上去養，老虎竟追蹤而去，兩夜之間咬死了十六頭豬。等到鄉人組織了狩獵隊去集體打虎時，這隻老虎忽然又失蹤了，顯然是又游水回到新界去了。

粉嶺沙田發現老虎的記載更多，本港的報紙上差不多每年冬天總有這樣的新聞。有時是誇張其辭或者虛報的，但有時也確有其事。一九一五年三月間，有一隻老虎在粉嶺咬死了一名歐籍幫辦和一名印度差人。後來這隻老虎給警察圍剿打死了，量起來身長八尺六寸，重達二百八十九磅。在博物院未曾拆卸時，這隻虎頭曾經陳列在那裏。

　　關於新界老虎最有趣的記載，是在一九三四年年底，荃灣一帶屢傳發現虎蹤，有一天有一個客家婦人砍柴回來，在荃灣的路上果然遇見一隻老虎，這畜生圍了她打圈子，婦人嚇得沒有辦法，便將手中的鐮刀和挑柴的竹桿一陣亂舞，居然將老虎嚇跑了。後來這婦人在警署被問話時，還嚇得驚魂不定。可見不僅紙老虎不足怕，就是真老虎有時也怕人的。

虎

◆ 香港分佈的老虎為華南虎，華南虎（*Panthera tigris amoyensis*），又稱廈門虎、中國虎或南中國虎，分佈在中國華南地區，是中國除孟加拉虎與西伯利亞虎之外的第三種虎，也是中國唯一的特有種。最後一隻野生華南虎在 1994 年被射殺，之後再沒有確鑿證據證明野生種群的存在，被懷疑已經野外滅絕。

墨魚 —— 烏賊

　　每逢墨魚上市的時候。香港街市魚枱上的墨魚很多，乳白色的身體，小的一斤一串，大的一隻重十餘斤，而且價錢也便宜。新鮮墨魚的滋味非常好，無論炒或紅炆都極可口。當然，更好的吃法是滷墨魚。浙江寧波人稱墨魚為烏賊魚，春天上市的時候，他們以去皮五花豬肉，加南乳與墨魚一同紅燒，稱為「烏賊剝皮大烤」，從前上海弄堂飯店的寧波小飯館多以這一樣菜來號召顧客。

　　墨魚被稱為烏賊的原因，是由許多有趣的民間傳說構成的。

　　中國從前的格物專家，最相信化生之說，認為許多生物都可以在某一季節從甲物變成乙物，如《月令》所說的「雀入大水為蛤」之類。墨魚也不例外，他們認為乃是海濱一種水鳥名烏鷂者入水所變。可是牠變成墨魚以後，卻又以烏鳥為食，所以稱為烏賊。《本草綱目》說：

> 其性嗜烏，每自浮水上，飛烏見之以為死而啄之，乃捲
> 取入水而食之，因名烏賊，言為烏之賊害也。

　　墨魚別名烏賊的另一個原因，則因牠能吐墨汁。其說頗久，唐宋時代就已經有這別名了。《癸辛雜識》載：

世號墨魚為烏賊。何為獨得賊名，蓋其腹中之墨，可寫偽契券，宛然如新，過半年則淡然無字，故狡者專以此為騙詐之謀，故諡曰賊云。

唐段成式的《酉陽雜俎》也說：

烏賊遇大魚輒放墨，方數尺，以混其身。江東人或取墨書契以脫人財物，書跡如淡墨，逾年字消唯空紙耳。

墨魚還有一個更古的別名：「算袋」。據說秦始皇出巡，過東海，棄所用算袋於海，化為此魚，故形如算袋。

這許多關於墨魚的古怪傳說，雖然很有趣，可惜都是架空的想像，尤其是詐死浮在水面騙水鴉這一點。墨魚在海裏謀生的方法和機會都很多，大約不致於餓得以飛鳥為對象的。至於肚裏的墨汁，倒是非常有趣的東西，我小的時候，就曾經每逢家裏買墨魚時，一再到廚房裏偷取那墨汁來寫字畫花，可是從不曾想到偽造契約去騙人。

我們平時慣稱四五斤乃至十餘斤重一隻的墨魚為大墨魚，其實海裏真有一種大墨魚，大得驚人，牠們像章魚一樣成為海中最可怕的生物之一。最大的墨魚竟敢於同鯨魚作鬥。法國戰艦阿列克頓號的艦長，曾在海中遇見過一隻大墨魚，身長五十英尺，頭上的觸鬚還未計算在內，腰圍二丈，估計那重量至少在兩噸以上。

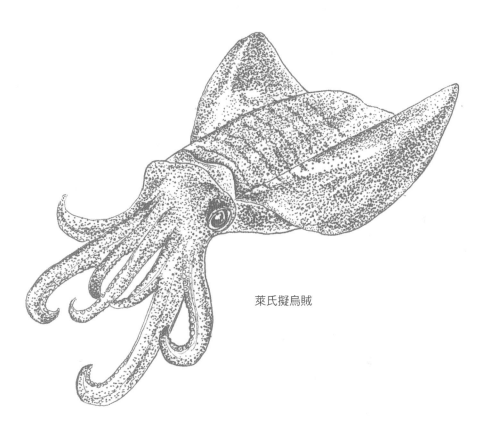

萊氏擬烏賊

◆ 墨魚是軟體動物門頭足綱墨魚目的動物，俗稱烏賊，遇到敵害時會噴「墨汁」防禦。敢與鯨魚相鬥的是深海的大王酸漿魷，又稱大王烏賊（*Mesonychoteuthis hamiltoni*），身長可達 20 米。

可怕的白蟻

　　香港的報紙上時常有專滅白蟻的廣告，可見這小東西平時雖不大被人見到，然而卻在暗中擁有很大的破壞潛力，否則牠們的破壞成績，決不能在香港養活幾家專滅白蟻的公司的。

　　白蟻被稱為白蟻，實在不很恰當。第一，牠們並不是白色的；第二，牠們根本不是蟻類。在解剖和滋生的過程上，牠們倒近於我們日常慣見的蟑螂，因此，許多昆蟲學家認為牠們彼此在多年之前可能是同宗。白蟻的生活狀態至今仍很原始，可是牠們的組織分工生活的周到和嚴密卻使人驚異。這一點頗近於螞蟻，我想這大約就是牠們的名字上有一個蟻字的原因。白蟻在地球上存在的年代久過我們人類不知多少倍。昆蟲學家愛默遜氏藏有一塊琥珀，被斷定至少是三千八百萬年以前的遺物，其中有兩隻白蟻被凝結在裏面，頭翅完整，栩栩如生，牠們的形狀和我們今日所見到的白蟻差不多，好像昨天才被封閉在裏面的一般。

　　白蟻裏面的蟻后、工蟻和兵蟻都生活在不見天日的蟻巢內。這種蟻巢多半在樹幹內、地底下，以及建築物的木材裏，若是家裏的衣箱木器書籍等多年不清理移動，可能也會給白蟻做巢。這三種白蟻都是沒有翅的，從不出外活動，因此除了蟻巢被發現以外，我們從不會有機會見到牠們。但是白蟻裏面的雌蟻和雄蟻，牠們有翅膀會飛，每逢初夏雨季開始之時，牠們整千整萬的從巢裏飛出來，飛

得滿天滿屋都是。我們在夏夜常見的那種油黃色飛螞蟻，翅膀很薄脆，一碰就落下來的東西，就是這種白蟻。我們不必為牠們落掉的翅膀擔心，因為牠們一旦從巢裏飛出來以後，這雙翅膀的任務已經完畢，不碰也會自然落掉的。牠們從巢裏飛到外邊以後，立刻雌雄交配，然後覓地另建立新的「殖民地」。我們時常見到落掉了翅膀的這種油黃色的「白蟻」，兩隻一前一後的追逐着尾隨不捨，牠們就是在開始「拍拖」。所幸者，一萬對白蟻之中，不會有一對能有機會建立殖民地，否則人類早已在地球上沒有立足地了。

建立成殖民地的雌蟻，不久就逐漸長大，開始產卵，成為蟻后。一隻蟻后可以長大至二寸以至四寸，牠成為一具使人難以相信的生產機器。據說一隻蟻后，可以有三十年的生命，牠能夠每秒鐘產一隻卵，一天可以產三萬隻卵，並且能三十年不斷的產着。香港有一家專滅白蟻的公司，據說就藏有一隻三四寸長的蟻后標本。

白蟻最大的剿滅者，不是一般的白蟻公司，而是穿山甲和燕子之類的飛鳥。穿山甲專門舔食蟻巢裏的幼蛹，燕子則專門在空中捕食飛出來的白蟻。夏天正是白蟻飛離巢穴另建新殖民地的時節，但是也是燕子孵卵哺雛覓食最辛勤的時節，牠們一個夏天要捕食無數的白蟻。這實在是自然界最巧妙的安排。

白蟻

◆ 白蟻是蜚蠊目等翅下目昆蟲的統稱，俗稱大水蟻。白蟻是社會性昆蟲，蟻王、蟻后、兵蟻、工蟻分工明確。白蟻可分解木質，在自然界中是重要的分解者，也會侵蝕人類家居中的木質物品和建築物，造成嚴重危害。

「家婆打我！」

　　在封建社會的家庭裏，婆婆同媳婦的關係始終搞不好。由於吃人的舊禮教的回護，吃虧的總是可憐的小媳婦，結果只好上吊、跳井、投河、服毒，用死來表示自己的抗議。這種千百年來集結着可憐的被壓迫女性的冤氣，唯一可以發泄的出路，就是民歌和民間傳說。不說別的，僅就我國民間關於野鳥的傳說來講，有許多就是同婆婆磨折苦媳婦有關的。如著名的姑惡鳥，傳說就是一個不為家姑所諒的媳婦的化身，因此冤魂化為野鳥以後，就「姑惡姑惡」的叫着。這傳說已經夠悽惻了，可是維護舊禮教的舊時文人，寫起「禽言」來，仍說她化為鳥以後，還要說「姑惡」，實在有乖婦道，說什麼「姑言婦惡定有之，婦言姑惡未可知」，至死仍要派定她是個不孝婦，有時讀起來真令人生氣。

　　廣東民間也有一個媳婦被家婆磨折尋死後化為野鳥的傳說，牠的叫聲，就是「家婆打我！」

　　據說，從前有一媳婦，丈夫出外謀生去了，按時寄一點錢和食物回家來，這種食物是家婆所愛吃的，她時常說媳婦偷吃，不時將媳婦毒打。媳婦因為丈夫不在家，無處可以訴冤，只好半夜偷偷的哭着：「家婆打我！家婆打我！」後來一再捱打，實在受不了，只好私自離家逃到山裏。她臨走時，從家裏拿了一個包袱，不料慌忙間拿錯了，裏面全是孩子的衣服。她想回來換一個，因此就給家婆

捉住。不用説，這一次當然打得更厲害，她只好自歎命苦，哭着千不該萬不該「攬錯包袱」。後來她死了，化為一隻野鳥，便這麼終日凄涼的叫着：「家婆打我！」「攬錯包袱！」

這隻喊着「家婆打我」的野鳥，其實就是布穀郭公的一類，有時又稱花喀咕，我國古名鳲鳩。牠們是南方的鳥，夏天從南邊以至長江一帶都很多，直到秋天才飛向更南的地方去避寒。牠們來香港的時間，約在每年的四月下旬，五六月裏叫得最起勁，一到十月便離開此地遷到南洋和印度南部去過冬了。

關於這種野鳥的傳説，各地不同。牠的鳴聲是 Kwi-Kwi-Kwi-Kwa，廣東人説牠叫的是「家婆打我！攬錯包袱！」北方人則擬為「光棍好過」，説是天氣暖了，不必再愁冬天衣着，因此「光棍好過」。江浙鄉下人因為牠們叫的時候正是農忙時期，因此從牠的聲音裏聽出的是：「快快割禾」！「割麥割禾」。後一説由來頗久，至少宋朝人已經説牠們是這樣叫了，因為《東坡志林》裏曾説：

> 江湖間有鳥鳴於四五月，其聲若云：麥熟即快活！今年二麥如雲，此鳥不妄語也。

四聲杜鵑

◆「家婆打我」中的野鳥仍然指的是杜鵑科的鳥類 —— 四聲杜鵑（*Cuculus micropterus*）。

鬼鳥——蚊母鳥

　　從名字上已經可以看出，鬼鳥是一種很古怪的鳥。牠是介於燕子與鷹隼之間的小鳥，但是古怪的個性又有點似貓頭鷹，因為牠喜歡白天睡覺，夜晚才出來活動。

　　鬼鳥，歐洲人通稱牠們為「夜的噪雜者」（*Nightjar*）。牠們是候鳥，冬天從中國北方飛向南方，春末又從馬來亞和新幾內亞一帶飛回北方。在四月中旬路過香港，往往要停下來休息幾天，所以，在初夏正是最容易見到這種怪鳥的季節。牠們之中有些到了香港就住下來不走，在這裏產卵孵雛，要到十月中旬才南下去避寒。

　　鬼鳥全身灰黑色，背上有不整齊的黃黑色斑紋，看來像是樹皮。牠的嘴小而鈎，像是鷹嘴，但是張開來卻極大，頷下生着一叢像張飛鬍鬚一樣的硬毛，翅膀很長，飛起來迅速無聲，能在飛行中捕食小昆蟲。所以既像燕子，又像貓頭鷹。

　　這種鳥被稱為鬼鳥，不僅因為牠們白晝不出來，一到黃昏入夜才出來活動。更因為牠們的腳短而退化，幾乎不會走路，只會跳躍。一般的鳥類，總是用雙腳抓住樹枝橫站着。鬼鳥卻像啄木鳥那樣，只懂得直棲在樹枝上，並且一定要揀較粗的斜度很小的樹枝，以便將整個身體貼在樹枝上去伏着。牠們歇在地上也是如此，動不動就像本地人所說的「跍低」了。

　　鬼鳥的叫聲很單調，只會「軋軋」的叫，一連要叫幾十聲不停，

這就是「夜的噪雜者」這一名稱的由來。

鬼鳥結巢不在樹上而在地下，牠們最喜歡在小松樹林內的草地上做巢。因此在青山和大埔道夜間行車，時常有機會可以見到牠們。因為這兩條公路的兩旁很多松林，是牠們最喜歡出沒的地方。鬼鳥有一個壞習慣，黑夜跍在路中心，看見車輛來了並不立刻飛走，往往給汽車的車頭燈眩得眼花，來不及起飛，就這樣給汽車輾死了。在大批鬼鳥過境北上的初夏，這種情形更容易發生。牠們的眼睛很大，映着燈光像貓眼一樣的閃出黃綠的亮光，這也是使牠們獲得這個怪名稱的原因之一。

北方人稱鬼鳥為貼樹皮，就因為牠們喜歡全身伏在樹枝上的那個特性。古人則稱牠們為蚊母鳥或吐蚊鳥，說牠們出現的地方往往多蚊蟲，有些書上甚至說牠能吐蚊（《爾雅》：鷏，一名蚊母，相傳此鳥能吐蚊，其聲如人嘔吐，每吐輒出蚊一二升。又見《唐史補》及《齊東野語》）。其實那情形恰恰相反，鬼鳥在夏夜專向池沼草莽多蚊地方飛翔，正因為那裏的蚊蟲多，牠可以吃一個飽。

◆鬼鳥即夜鷹，在香港常見的是林夜鷹（*Caprimulgus affinis*），體色灰褐，以昆蟲為食。

林夜鷹

古怪的海星

海星一名海盤車，是我們在海濱最容易見到的一種古怪小生物。牠們喜歡吸在巖石上，潮水退了也不走，灰黑色或是青褐色的棘皮，看來完全像是中國藥材店裏所賣的陳皮。牠們多數有五角，所以稱為海星。從前灣仔那家怪魚酒家門前的養魚櫃裏，時常會有活的海星養着。牠們伸開「五肢」平貼的吸在玻璃上，那樣子完全像一隻五角星。

海星的種類很多，大小不一，據說共有一千多種。普通常見的是五角，但也有六角、八角、十二角，甚至有二十五角的。多數海星的全身好像都很僵硬，但有一種五角海星的觸手像章魚一樣，長而柔軟，被稱為蛇海星。香港海邊常見的海星，多是五角的。一種角較鈍，另一種較尖長。前者的直徑約四寸，後者較小，約兩寸半。

海星看來像是一塊蠢然無知的東西，但牠們最喜歡吃蠔，是蠔的最大敵人。海邊的蠔田最怕有海星，一有牠們闖入了，蠔的收成便要大打折扣。

海星吃蠔蜆一類的介類，方法非常高妙而有趣。一隻有殼的活蠔，當牠雙殼緊閉以後，普通人想要徒手將牠扳開來，也實在不容易。但是海星能夠懂得用牠的肢體緊貼蠔殼，將牠平日藏隱看不見的無數吸腳伸出來，用力的向左右去拉。這是一幕體力的持久賽。蠔殼閉得愈緊，海星拉得也愈力，直到蠔精疲力盡了，雙殼微微的

鬆開，這時海星便將牠的胃從嘴裏吐出來，將蠔的軟體加以纏捲，慢慢加以消化。然後才緩緩爬開，再去找第二隻蠔。

海星的消化能力很強，牠能將自己的胃從口裏吐出來，直接去選擇自己的食物，不能消化的根本不要，然後將自己要的部分捲住，縮進肚裏。所以海星的排泄機構很退化，因為牠根本沒有什麼廢物要排泄，牠雖然有一個肛門在背上，可是備而不用。

海星還有補充自己肢體的能力，你若切去牠的一角或兩角，牠毫不在乎，不久就可以又生出來。從前法國海濱養蠔的漁夫，他們用網撈起海星以後，將牠們斬碎拋入海中，以為可以不再為害，哪知這樣反而使一隻海星變成了三四隻，使牠們繁殖愈多，為害更烈。

普通人又叫海星為星魚。但牠實在不是魚，牠同海參海膽一樣，同是棘皮科動物。

飛白楓海星

◆ 海星是棘皮動物門海星綱動物的統稱，五條腕上有很多管足，用於運動和取食。

沙追

　　沙錐，也可寫作沙追，中國古名鷸，也就是古寓言「鷸蚌相爭」的對手之一。這是香港著名的獵禽，今日我們在餐館菜牌上所常見到的「燒肥沙追」，就是這東西。

　　本地所出產的沙錐共有四種，最常見的是普通叫作金錢錐的一種。牠本是候鳥，從八月下半月開始，直到十二月初，牠們開始在新界一帶出現，聚集的地點是水田和海邊的沙田。從八月到九月間，粉嶺和上水一帶最多，從十月到十二月的下半季，牠們則喜歡聚到屏山、錦田一帶。

　　春天偶然也見到沙錐，那是牠們從南方飛回北方路過此地的，不過為數很少，不似秋季冬季那樣多。

　　沙錐雖是候鳥，但是已經有可靠的資料證實，牠們也有在香港營巢孵卵的。

　　另有一種沙錐，只是在春三四月之交出現的，牠們不喜歡稻田，而喜歡在濕地或小河邊徘徊，若是雨天，牠們又喜歡出沒在番薯田中，到了春天，你在元朗、錦田、梅窩一帶，可以大批的見到牠們。

　　到新界一帶去打獵，最容易打得的鳥類便是沙錐，尤其在秋冬時候。據說最理想的行獵地是沿深圳河口一帶。有一個獵取沙錐的最高紀錄，這是發表在《香港自然學家》第六卷第三號上的。有人於一九三五年的八月二十一日至九月十五日之間，一個人竟獵得了

一百二十八隻沙錐。

　　沙錐的肉很肥美，這是牠在香港所以成為著名的獵禽的原因。另有一種羽毛十分美麗的沙錐，也在深秋出現，不過十分少，牠們是以小魚和軟體動物為食料，所以不及其他的沙錐鮮美。牠們被人獵取，只是供玩賞而已。

扇尾沙錐

◆ 沙追即扇尾沙錐（*Capella gallinago*），
為鷸科沙錐屬的鳥類。

果子貍及其他

　　果子貍是像貍花貓一樣的小動物，是廣東人冬季席上珍品之一。一到秋季，你就可以在本港大酒家的廣告上見到生宰果子貍或會果子貍的名目，他們有時還用鐵絲籠盛着活的果子貍放在門口做招牌。這種果子貍大都是從廣東內地運來的，不過本港也有果子貍出產，有時新界鄉民也會捉到一隻拿到市墟上來出售。

　　真正的果子貍是很小的，牠是貓屬，面部正中有一條闊的白紋，前腳的腳爪特別長，這是牠的特徵。牠善於掘地和爬樹，喜歡吃果實，尤其是木瓜，這正是牠所以被稱為果子貍的原因。

　　本港另有幾種野貓科的小動物，花紋和毛色都與果子貍彷彿，只是形體較大，時常被人誤認為果子貍，其實牠們全然是另一種動物。其中有一種俗稱為七間貍的，模樣頗與果子貍相似，只是嘴巴尖長，全身灰白色，背上另有幾道黑色的條紋，尾上也有一道一道的黑圈，背上的黑紋有時五條，有時八條，但最常見的是七條，所以呼為七間貍。牠與果子貍最不同的地方，是前腳爪和後腳一樣，並不像果子貍那樣特別長。

　　七間貍在新界大陸和本港島上都可以見得到。只是牠們都是畫伏夜出的，所以白天不大有機會能見到。牠們以小鳥蛙鼠為主要食料，也吃果子和樹根。牠的身上有香腺，像麝鹿一樣的能放射一種香氣。

大的七間狸體長二尺，連尾可以長至三尺，牠的價格雖次於果子狸，但也是席上珍品之一。

本港還出產另一種與果子狸相似的動物，俗名五間狸。牠比果子狸略大，全身灰黃色，背上和尾上都沒有條紋或黑圈，這是牠與七間狸不同的地方。牠的特點在頭部。頭上直至頸項都是黑色的，額上有一條白紋直伸至頸後，眼圈上下四周都有白斑，因此面部頗似果子狸，只是前腳沒有長爪。這是牠和七間狸一樣，與果子狸區別的地方。

五間狸在香港島上也有，牠是晝伏夜出的，也喜歡爬樹吃果實，特別是木瓜和香蕉。五間狸的毛色很美麗，如果從小捉回來養大，可以養馴，成為一種很好的玩物。

七間狸五間狸之外，本港還出產一種狸，俗呼三間狸，又稱大元帥，這是本港除果子狸之外三種野狸之中最大的一種。一隻普通的三間狸，大概身長二尺，尾一尺半，重十餘磅。最大的可以重至五十磅。

三間狸的毛色黑白相混，尾巴則黑白相間，一節黑一節白，成為闊闊的六七道圈子，背上有一條黑紋，從頸一直通至尾端。牠的項下也有幾道很闊的黑白相間的花紋，牠之所以名為三間狸和大元帥，就因為項下這幾條看來很威武的花紋。

三間狸在本港島上不常見到。牠也是晝伏夜出的，喜歡吃木瓜。在新界則時常可以見到，尤其在城門水塘一帶。據史溫荷氏說，三間狸在馬來亞很多，在中國的分佈區域也很廣，從上海，舟山群島，廣東，以至海南島，都有牠的蹤跡。牠特別喜歡生活在密佈竹林的山中。

果子狸和七間狸等，牠們的模樣，與其說是像狐狸，不如說是像野貓。但牠們事實上並不是貓的本家。真正的貓的本家，在本港另有一種代表物，俗呼豹狸。牠與老虎和金錢豹都是同宗，在家譜上都是屬於貓的系統的。這種野貓，是印度貓，一眼看來幾乎全然像一隻家貓，區別的特徵在耳朵背後有兩塊白斑。牠的全身灰黃色，

背上有幾條黑紋，從頭頂一直連至尾部，腹部兩旁和四肢都是整齊的黑斑，尾上有黑圈。牠之所以名為「豹狸」，大約就因為這些黑斑的原故。外國人稱牠為「中國印度種的小花斑虎貓」。

豹狸在本港島上很少見，但在新界大陸則常見，過去在西貢大埔元朗都發現過。有時有活捉的陳列在市墟上，有時也有剝下的皮張出售。

豹狸比家貓略大，身長約二尺，性格極野，不易馴養。牠善爬樹，平時多以小鳥為主要食料。

◆ 果子狸（*Paguma larvata*）又名花面狸、白鼻心，是一種靈貓科的哺乳動物。本篇裏七間狸指的是靈貓科的小靈貓（*Viverricula indica*），又名香狸、麝香貓。本篇裏的五間狸疑似鼬獾（*Melogale moschata*），是鼬科的哺乳動物，只是文中描述有誤，鼬獾比果子狸體型小。三間狸是大靈貓（*Viverra zibetha*），又名九節狸，也是靈貓科的哺乳動物。

果子狸

大靈貓

香港的鳳尾草和青苔

　　香港出產的鳳尾草和蘭科植物種類之多，乃是一件很值得注意的偏重現象。根據鄧恩與丟訖爾二人合編的目錄：《廣東與香港的植物》一書（出版於一九一二年。兩人曾在一九○三年至一九二○年之間，先後任職本港園林監督署，對於本港植物分類、造林、充實植物公園的花木標本等工作，甚有貢獻。本港有數種新著錄的花木，曾用他們的名字來命名以作紀念），本港出產的鳳尾草被著錄者有一百二十四種，蘭科植物有六十三種。如果我們將這兩類植物與英國所出產的數量加以比較，則英國僅有三十七種鳳尾草，三十五種蘭花。這麼一比較，我們就不難看出香港植物的豐富。

　　「沒有一點任何種類的青苔」這句話，顯示早期植物學者對於香港植物知識的一個漏洞。當然，香港本有相當種類的青苔，但是同鳳尾草比較起來就顯得稀少，並且在這方面亟需仔細研究工作。鄧恩與丟訖爾兩人曾說起編撰一部「有關本港青苔、藻、菌等類的植物物志」，作為推進本港植物知識的一件緊要工作。

　　關於這件緊要的亟需工作，後來已經有了一個好的開始。狄克遜氏在《香港自然學家季刊》的附錄第二號上（一九三三年三月出版），發表了一篇有關香港青苔的文章，舉列了在香港和新界所發現的五十六種青苔的名目。

井欄邊草

苔蘚

◆ 本篇的鳳尾草疑似蕨類植物的統稱，蕨類植物裏另有鳳尾蕨科，但是香港的鳳尾蕨科並沒有文中描述的那麼多。現有記錄的香港蕨類植物有二百余種。

香港的核疫和鼠患

　　老鼠在香港所闖下的一次大亂子，就是所謂「核疫」。鬧得最厲害的是一八九四年，香港人至今提起來猶「談虎色變」。在這年春末，香港居民之中忽然發生一種疫症，患者身上有一塊肉核，故名核疫。往往第一天得病，第二天已經不治而死，而且蔓延極為迅速，醫生知道這是「疫症」，但根本不知道是什麼疫症，所以束手無策，於是死亡率極高，差不多達到了百分之百。據說六月七日那天，一天在同一區域就死了一百零七人，都是同一病症，並且還有六十多人又新染上了。

　　這一來，當然使得居民起了極大的騷動，許多人都紛紛離港還鄉，逃避疫勢，香港的人口一時減少了八萬（當時全港中外人口共約二十三萬）。據後來的報紙記載：「那平日最繁盛之皇后大道，亦行人寥寥，舉目荒涼，得未曾有。」

　　一八九四年的核疫，據官方發表的數字，共死了二千五百五十二人，而實際上遠超過此數。一八九五年疫勢稍減，但一八九六年又突發，接着一連許多年都繼續猖獗，直到一九〇四年才稍好。

　　發生核疫最盛的地方是中環太平山一帶。這裏房屋湫隘，人口也最密。後來港英當局下令將九如坊、美輪里、芽菜巷、善慶里等處的房屋備價收買，一律拆為平地，多年不許建屋，這才稍為遏止了核疫。

核疫發生後，港英當局始終查不出病源所在，後來由一位日本醫生來港協同研究，從死鼠身上發現病菌，這才知道這災禍竟是由老鼠釀成的。

自從發現老鼠是「核疫」病菌的傳播者之後，港英當局便獎勵居民畜貓捕鼠，同時對於處置死鼠的方法也非常重視。因為據當時檢查發生核疫的樓宇，一定會發現死鼠，證實病源不僅來自老鼠，而且老鼠本身也首蒙其害，所以認為死鼠比活鼠更可怕。於是路邊電燈桿上的老鼠箱便應運而生（其實不一定掛在電燈桿上。牆角、樹身，以及騎樓下的柱子，也往往可以發現掛着這東西）。

這種曾在香港闖過一次大亂子的老鼠，由於牠自身也受病菌的侵襲，漸漸的減少而至絕跡了。目前香港的老鼠雖然依舊不少，而且很大，但這已經是另一種老鼠，不是家鼠而是地鼠，牠們與外江人在家鄉見慣的那些老鼠不同。這是一種南方種的地鼠，從華南以至印度都有。牠們生活在野外，但也喜歡進到人家裏來。

我們在香港街上以及家裏所見到的老鼠，多數就是牠們。這種老鼠嘴尖長，牙齒非常鋒利，尾巴粗而長，僅有尾尖上有幾根稀疏的長毛。尾長四寸，身體可以長至六寸，所以看起來是很大的。

老鼠最大的敵人不是貓而是蛇。香港地鼠多，因為牠們身上有一種難聞的臭味，香港的貓也不喜歡捉這種地鼠，這就是牠們能在本地繁殖的原因。

真正的中國種家鼠，在香港不常見。除了上述的地鼠之外，在人家屋內做巢的另有一種大老鼠。牠們身體肥大，可是尾巴粗而短。身上是那種常見的灰黑老鼠色，但是腹下卻是灰白色的，尾巴底下也是灰白色，這是牠們與地鼠最大區別。這種老鼠因為身體肥大，「跳樑」爬柱的本領不大高明。

香港素來以世界大商港之一自負，輪舶往來的很多。因此有許多「外國老鼠」被輪船從世界各地帶到香港來。大家若是有暇，夜間站在九龍倉的碼頭邊上，欣賞一下老鼠爬鐵索的情形可真有趣。牠們有的是從船上登岸的，也有是從岸上泅水上船的。那情形真彷

佛《伊索寓言》所說的城裏老鼠請鄉下老鼠一般。這種飄洋過海的老鼠是黑色的，尾巴細而長被稱為船鼠。牠們的攀緣功夫非常高明。

　　香港另有一種被稱為 Bandicoot 的大老鼠，是在一九四六年才首次被人發現的。目前新界元朗最多，牠們能掘洞生活在地底下。據說是從雲南西南部傳入的。

針毛鼠

◆ 在香港，傳播疾病的主要是褐家鼠（*Rattus norvegicus*）、小家鼠（*Mus musculus*）等種類的老鼠；野外比較多的是針毛鼠（*Niviventer fulvescens*）。

充滿鹹魚味的長洲

　　長洲島在香港的西南角，與香港仔遙遙相對，中間隔了一座因發現石器古物而著名的舶寮洲（即南丫島）。天氣清朗的時候，站在香港仔的山上雖不易看得清長洲，可是站在長洲東灣的沙灘上，抬頭就可以望得見香港的瑪麗醫院等建築物。長洲是大澳以外的著名魚鹽之區，同時也是夏季游泳的一個好去處。每天從統一碼頭有直航的或經過坪洲和銀礦灣的小輪來往。若是有暇，約幾個朋友早上去，傍晚回來，即使不游水，也可以在島上各處逛逛，花錢又不多。這樣作一次短短的海上旅行，對於排除心身疲勞增進工作效能，是非常有效的。

　　長洲的島形狹長，兩頭大，中間細，所以名為長洲。外國人則因為它細狹的腰部和圓圓的兩端，像一隻啞鈴，稱它為啞鈴島。在島南稱為南便山的山上，從前就有許多西式的小別墅，多數是教會的建築物，後來在戰爭中被燬了，戰後經過重建，現在又是一番面目了。

　　長洲的市區中心就在那狹長的腰部地帶。輪渡泊岸的地點是向西的，這裏稱為長洲灣，是漁船灣泊和商店的集中地。從輪渡碼頭上岸，穿過滿是鹹魚味的街道，一直向前走，走完了街道不遠，就到了細腰的東面，這就是可以游水的東灣。就是在這地方，你向遙遠的海上東方望過去，就可以望見閃閃有光的香港山上的房屋了。

不游水的人，除了看看街上各式各樣的鹹魚，找一個地方歇腳飲茶之外，還可以去看有名的張保仔洞和北帝廟。

　　說是張保仔洞，其實是同香港所有的一切有關張保仔的遺跡一樣，大都是好事家的假託，不甚可靠的。洞很狹小，要低身坐着滑進去，在裏面走一段路，從另一個出口爬出來。裏面什麼也沒有，不見傳說中的弓箭，更不要說海盜的金銀財寶了。

　　北帝廟在街市北端的盡頭，面向西方。這是長洲漁民認為「威靈顯赫」的一座古廟。但近年香火也冷落得多，遠不如前了。這有什麼辦法呢。漁民自己太窮了，餓着肚子償還高利貸還來不及，對於「神」只好馬虎一點了。北帝廟裏有從前著名的「刀椅」，還有一柄從海底撈起來的古劍。

　　關於長洲最有名的逸聞，是在半個世紀以前曾給海盜洗劫過一次的故事。這是一九一二年的事。當時海盜控制了孤立在小山上的警署，乘夜搜劫了一個整夜。其時長洲和香港沒有電訊和船隻連絡，所以根本不知道。直到一個漁民用小船划了一整夜划到香港來報信，香港人在第二天早上才知道這驚人的新聞。

鹹魚

長洲島

◆ 長洲是香港的一個島嶼，形似啞鈴，位於大嶼山東南方。傳統長洲島民以
捕魚為生，漁業曾經為當地的主要經濟命脈，食品加工又以鹹魚和蝦膏最為出
名。而今長洲的發展主要靠旅遊業，每年舉辦盛大的太平清醮也是一大特色。

　　　　　　　　　　　　香港方物志

大埔的珠池

今日新界大埔海面，從前稱為大步海，又名媚川都，有池養珠蚌，名媚珠池，為古時採珠名地，清嘉慶二十四年修纂的《新安縣志》云：

> 媚川都在城南大步海，南漢時採珠於此。

又云：

> 媚珠池，舊志云在大步海，漢時採珠於此。

本來，我國從前產珠最有名的地方是南海合浦，即今日廣東的合浦。所謂「珠還合浦」，這成語便是從前傳說合浦海中產珠蚌，如果當任的縣官貪婪，不停的奴役人民到海中去採珠，珠蚌便會遷移他處；若是縣官清廉，遷到他處海中的珠蚌又能遷回來，所以有了「合浦珠還」這成語。

新界除了大埔海以外，其他有些地方也產珠。這一帶地方在清朝屬新安縣，明以前則屬東莞，所以《東莞縣志》上便載着，除了大步海媚珠池產鴉嬴珍珠以外，縣境內的后海龍鼓青嬴角荔枝莊等一十三處，也產珠蚌。

大埔採珠的歷史頗久，從唐開元直至明初都在這裏採珠進貢，為我國合浦以外的重要產珠地之一。最盛時是在五代南漢（公元九〇五年至九七一年）時期，南漢王劉鋹建都廣州，在大寶六年（公元九六四年）改大步為媚川都，從海門鎮招募能採珠的土人三千名為兵，常年駐在這裏，終年為他搜集珍珠。因為風浪險惡，每年溺死者甚眾，成為當時苛政之一。

後來劉鋹為宋太祖所滅，大埔採珠之舉就被廢棄，到了元朝又恢復。元大德三年，甚至編置艇戶七百家為珠人，並派了三名監督官加緊監採。因為採珠很辛苦，採不到時要受罰，艇戶逃亡的很多，所以要加派官員監視。這樣直到明朝，洪武七年採珠五月，僅得珠半斤，認為大埔產珠已盡，遂移地合浦，不再在大埔採珠了。

今日新界大埔雖不再以產珠著名，但海中仍產蠔，海邊有養蠔的蠔田，取蠔時偶然撈起珠蚌，剖開來其中有時仍會有小粒珍珠的。

今日大埔

◆ 早在漢代，嶺南地區所產的珍珠就已經成為統治階層掠奪的對象。但那時外界只知道嶺南的合浦產珠。到了唐代，人們發現嶺南還有一個地方產珍珠，就是大步海，即今日香港的大埔海及深圳市東部沿海。大步海產的珍珠為南海珠。南漢時期破壞性的採珠行為不僅使深圳、香港地區原有的珍珠資源遭到了毀滅性的破壞，而且人力、財力損耗過甚，也加速了其自身的滅亡。

冰與雪

上海人呼雪糕為冰淇淋，廣東人和香港人則又稱冰塊為雪，因此冰箱就成為雪櫃。本來，雪是天上落下來的，冰是自水凝結成的，這兩種的分別很簡單，可是由於嶺南的冬天根本不下雪，又難得結冰，以致冰雪不分，這是很可原諒的。《廣東新語》説得好：

> 粵無冰，其民罕知有南風合冰，東風解凍之説。即或有微冰，輒以為雪，或有微雪，又以為冰，人至白首，有冰雪不能辨者。

被香港人稱為雪的大冰塊，都是人造冰而非天然冰，上海人稱這為機器冰，本地人有時又稱為生雪。這是因為香港冬天根本沒有冰，所有的冰都是人工製造的，所以沒有天然與人工之分。但在上海與北方就不同。夏季所用的冰，如果是用來作普通冷藏物用的，多是用冬季特別貯藏起來的天然冰，若是直接供食用的，則用機器冰。上海夏天的著名「刨冰」，就是用整塊的人造冰刨下來的。可是香港人一年四季所用的「雪」，全是人工製造的。

冬天將郊外水塘和河裏結成的冰，整塊的鑿取下來，貯藏到地窖裏，留待第二年夏天之用，謂之藏冰。這風俗很古，《詩經》上的「納于凌陰」，就是伏天藏冰入窖之意。因為古時皇帝不僅夏天

要用冰解暑，還有入夏向臣下賜冰的慣例。至今上海和北方一帶，夏天所用的天然冰，都是在隔年冬天這樣貯藏起來的。貯冰塊的地方稱為冰廠或冰窖，搭着像廣東鄉下常見的葵棚那樣的高大蘆蓆棚。棚下用土堆成長方形的土阜，像是防空壕又像陶器窰，底下是深深的地窖，其中便藏着大冰塊。這種特殊的景象，我們在北京天津郊外隨處可見，不認識的人往往不知道這樣高大的蘆棚是作什麼用的。《天咫偶聞》、《春明采風錄》等書，記北京舊時採冰藏冰的情形道：

> 三九冰堅，各處修窖存冰，以鐵椎打冰，廣尺許，長二尺，謂之一方。都城內外，如天安門外火神廟後，德勝門外西，阜城門外北，宣武門外西，崇文門外東，朝陽門外南，皆有冰窖，以歲十二月藏冰，來歲入伏飲冰。

說來幾乎使人不肯相信，今日香港人一年四季所用的「雪」，雖然全是用機器在香港製造的。但在早年，香港還沒有機器冰，所用的也是天然冰。因為香港根本沒有天然冰出產，這些冰塊全是從外地運來的。不過不是中國冰，也不是英國冰，而是用帆船從遼遠的美洲輸入的。今日中環的雪廠街，就是當年貯藏冰塊的地點。這個輸冰入口的組織，後來逐漸發展，就成為今日香港著名的牛奶冰廠有限公司。所以儘管香港人稱他們出品的冰淇淋冰棒為「大公司雪糕雪條」，但它的正式名稱上仍保持着冰廠兩字。

雪廠街這名稱，就因為當年曾在這裏建有貯藏冰塊的雪倉，其地點約在今日雪廠街與皇后大道的轉角處，即政府合署旁側通至聖約翰教堂的那條斜路上。當時中環尚未經過第一次填海工程，皇后道面臨海濱，雪廠設在海濱，像普遍的貨倉一樣，為了便利從船上卸運冰塊入倉。

這些冰塊是從遼遠的美國運來的，都是美國的大湖和河流在冬季結冰時所產生的天然冰塊，運到香港後，即塗上木鋸屑和糠皮防

止溶，貯入雪廠待用。

這家輸入冰塊的商行，稱為「丟杜公司」。它就是今日香港人俗稱「牛奶公司」的始祖；成立於一八四五年，在當時幾乎是獨家專利事業。

這座雪廠是一座兩層的建築物，地皮是由政府免費撥給的，限期七十五年，但有一個附帶條件，即該廠應以特別廉價售賣冰塊予政府醫院。當時的冰價為每磅五仙，每日發售兩次，一次為上午五時至七時，一次為下午二時至四時。據一八四七年的記載，那時香港每天消耗這樣的天然冰約七百磅。

這些天然的大冰塊，既是不遠千里運來的，當時所用的是帆船，如果風信不順或是產量不夠，香港的天然冰，便時常有缺貨或中斷之虞。一八七〇年四月十七日出版的一張香港西報，其上曾報道當時美國缺貨的情形道：

> 據說美國上季天然冰的收成短少，因此本港的冰荒現象勢將無可避免。供應東方各主要港口冰塊的美國公司，所獲得的現貨僅數載兩船，因此不得不向其他方面搜求冰塊，以供應遠東顧客需要之數量。

香港有機器冰出現，是在一八六六年左右的事。當時，由一位名叫凱爾的集資設廠製造，廠址在灣仔的春園（即今日灣仔春園街附近。當時灣仔未填海，春園一帶面臨海濱，為外人的住宅區）。它的出品成了許多年來獨霸香港市場的美國天然冰的勁敵。美國天然冰售價每磅五仙，凱爾的機器冰每磅僅售四仙，因此生意鼎盛，又在銅鑼灣設立了一家分廠。這時美國天然冰貶價四仙來競爭，他們更改售每磅三仙來對付，於是美國天然冰的銷路漸狹。直到一八八〇年，香港出產的機器冰已足夠供應全港居民的需要，美國的天然冰就停止輸入。並且將雪廠街的雪廠和其他資產全部售予凱爾。

凱爾的冰廠，後來又由渣甸洋行經營。直到一九一八年始歸併入香港牛奶公司冰廠（成立於一八八六年），即今日俗稱大公司。今日大公司在下亞厘畢道和銅鑼灣的雪房，就是香港早年輸入天然冰和後來自製機器冰的舊址。

雪廠街

◆ 雪廠街位於香港島中環。當年香港用的冰都是美國船運而來的天然冰。1845 年，供應冰塊的公司（Ice House Company）成立，當時中環尚未填海，公司的貯冰倉就設於雪廠街。由於靠近海邊，運冰船卸貨入倉非常方便，雪廠街也因此而得名。

香港唯一的一部植物志

本書原名 *Flora Hongkongensis*，著者喬治·班遜姆（George Bentham），一八六一年倫敦出版，本文四八二頁，外加序目五十二頁，附地圖一幅，售價不詳。莫林都爾夫的《中國書目提要》列入第一七七一號，絕版已久，不易購得。

蘇威貝氏在〈香港自然史〉一文裏說：「在一八六一年時，班遜姆氏就出版了他的《香港植物志》，這直到今日還是關於這區域的主要植物學著作。」

本書共收香港所產花木名目一千零五十六種，除按照種類分別編號外，並註明發現的處所，發現者的姓名，以及與其他區域所記錄的同類品目的比較，這不是供給一般閱覽的一本植物志，而且又沒有圖，因此若不是專家，看起來頗覺枯燥。

著者在卷首寫了一篇二十頁的序言，說明他的材料的來源，以及在他以前有關香港和中國的植物學方面的研究。在香港未成為英國殖民地以前，歐洲人所獲得的中國植物標本，大都經由澳門和廣州帶到歐洲，這都是一八四一年以前的活動，當時所採集的標本，有得自大嶼山和汲水門的，因此頗有可能其中也有香港島的出產在內。但正式在香港島採集植物則是一八四一年的事。這就是偕同那位著名的英國海軍水道測量家貝爾訖爾氏一同在香港島登陸的理查興斯氏。他本是海軍醫生，但是卻對搜集植物標本有興趣，於是便

成了第一個在香港島採集標本的歐洲人。他這年冬季在香港逗留了幾星期，帶回歐洲的香港植物標本共有一百四十種。

除了理查興斯以外，早年以研究香港植物著名的兩位人物，是張比安與漢斯。張比安是位軍人，他在一八四七年調到香港，先後駐紮了三年，利用餘暇在島上各處採集，一八五〇年歸國時，他的行囊中，竟帶有近六百種的香港植物標本。

漢斯自一八四四年以來就住在香港，他將熱心採得的標本送給當時周遊世界的一艘英國船「先驅」號上的朋友。這艘船曾經過香港，後來同行的一位植物學家便使用這些資料寫了一篇〈香港的植物〉。

班遜姆氏說：他的這部《香港植物志》的材料，便是根據這兩個人以及其他幾個人所搜集的資料彙合而成。

班遜姆氏將香港所產的植物與附近其他各地所產的作一比較研究，將它們按照地理分佈情形歸納為七大類。班遜姆氏說，香港島所處的位置，在植物種類的分佈上是中國大陸北方的終點，同時又是南方熱帶的起點，因此範圍極廣。當地所產的植物，可以北至西伯利亞西南部，南至非洲南美洲都找得到它們的同類。至於附近的印度、南洋、日本在植物上和香港關係的密切，那更不用說了。

除了班遜姆的這本《香港植物志》之外，還有幾部關於香港花木的著作，時間都是比較近一點的，但規模都比班遜姆的小得多了。其中一本是 S. T. 鄧與 W. J. 丟訖爾二人合著的《廣東與香港的植物》，一九一二年出版，其取材大都根據香港園林署歷年所收藏採集的標本。這些標本，據一九四九年本港政府年報所發表的數字，已達四萬種之多，其中有許多都是著名植物學家如 A. 亨利、E. H. 威爾遜等人歷年所採集者。

此外，香樂思教授所編的《香港自然學家》季刊以及他在近年所出版的關於香港食用植物的幾種小冊子，都是對於本港植物有研究興趣的人的好參考資料。

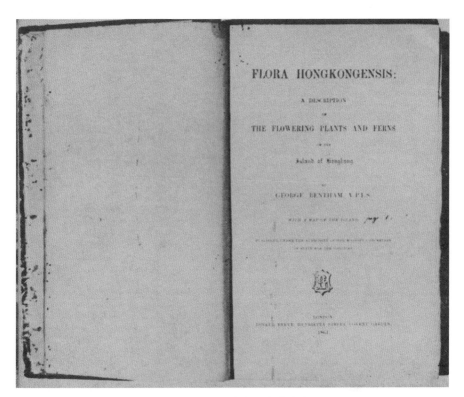

班遜姆著《香港植物志》書影（一八六一年初版，作者藏）

◆ 1861 年英國植物學家編寫了香港首本植物志《香港植物志》（*Flora Hongkongensis*）；1912 年，香港前植物及林務部編寫了香港植物學史上第二本植物志《廣東與香港的植物》（*Flora of Kwangtung and Hongkong*）。香港特別行政區成立後，首部植物志 ——《香港植物志》（第一卷）已於 2007 年出版發行，迄今已經出版四卷。

香港的「一歲貨聲」

　　清末有一位自署「閒園鞠農」的人，編過一本《一歲貨聲》，記北京一年四季街上和過門的小販各種叫賣聲。尤其對於過年過節叫賣應時食品的「吆喝聲」，收集得更完備。

　　北京小販的叫賣聲本來是很有名的，腔調多，有時還佐以特殊的器物來配音，詞句又往往別出心裁，如從前過年沿街賣「春聯」的，他們叫賣的詞句是──「街門對，屋門對，買橫皮──饒福字！」

　　末後兩句的意思是說，買門楣上貼的如「五福臨門」之類的橫披者，另外奉送大「福」字一個。

　　又如買過年用的油炸食品如茶泡之類者，他們喊的是：「吃的香，嚼的脆──茶果！」

　　因此《一歲貨聲》這本書讀起來非常有趣。可惜這書只有抄本流傳，沒有印行過，見過的人恐怕不多。我忽然想起這書，是因為前些日子聽見窗外有人喊──「打──石──磨！」

　　我就意味到快過農曆年了。因為香港有些古老家庭為了過舊曆年，自己磨粉蒸糕，便不得不事先將常年少用的石磨拿出來整理，將用滑了的磨齒重新打鑿一下，於是「打石磨」的人就應時出現了。因此只要一聽到「打石磨」的呼聲，你就知道過年就在眼前了。這正是香港的「一歲貨聲」之一。

　　香港的小販雖然多，可是對於自己貨物的叫賣方法卻非常忽略，

叫賣的聲調和詞句也很單調。常年聽見的只是「甜橙——老樹甜橙」一類的老調，有時更莫名其妙地喊着：「平咯—— 五個賣六個」，使你猜不出從五個平賣到六個的究竟是什麼。而這樣的喊聲，往往喊了一半忽然中斷了，你走出去看一下，原來差人來了。

就因為這樣，香港沿街流動的小販多數是沒有牌照，偷偷摸摸做生意的；而且香港有些地方在早晚是不許小販高聲叫賣的，有些區域更根本禁止小販出聲叫賣東西。又因為多數小販都是臨時改行的，他們悽悽惶惶，不可終日，也就難怪對於貨物的叫賣聲沒有研究了。

關於香港小販的叫賣聲，我以為只有兩個特點值得一提：一是香港因為樓居的人多，小販喊叫時習慣用一隻手襯在嘴邊，仰頭向上，以便住在三樓四樓的人容易聽到。一是香港賣粉葛（即外江的山藥）的小販，喊起來一定要喊賣「實心藕」，不許喊「賣——葛」。這是因「葛」字的本地音讀起來與「God」相似。「上帝」怎麼可以隨便沿街出賣？洋人聽了非常不高興，因此從很久以來，就規定賣葛的只許喊「賣實心藕」了。

今日香港的小販

◆ 香港政府於 1872 年首次將小販列入官方統計的職業項目，並於 1873 年開始施行發牌制度，20 世紀 70 年代起政府陸續停止發出新的小販牌照。

香港的年糕

　　過年所用的年糕，雖然各地方所蒸製的形色和原料各有不同，但最主要的原料必然是米粉，而且最考究的，一定要自己磨粉自己蒸製。因為年糕並非普通的食品，它的主要用途是饋贈和敬神，同時還要從製作的成績上察觀來年的吉兆，因此舊時的家庭主婦一定要自己動手或監督僕婦蒸製，從不肯從市上購買現成的。

　　香港人不大喜歡糯米，因此過年所蒸的年糕，無論甜鹹，一定是以粳米粉為主，有時攙合少許糯米粉，絕少完全用糯米粉的。蒸年糕並不用蒸籠，而是用銅製的或鉛鐵的糕盤，每一盤為一底。原料的分量和蒸製時間的久暫，都是以一底為標準。甜的年糕是用白砂糖或片糖調米粉蒸製的。砂糖蒸的甜年糕色白，黃糖或片糖蒸的色黃，那樣子就像平時的鬆糕。考究一點的在糕面上，還要鋪上一點紅棗蓮心之類，有的或塗一點紅顏色就算數。

　　鹹年糕的成分比較複雜。最通行的是蘿蔔糕。除了以刨出來的蘿蔔絲或蘿蔔汁調合米粉之外，還要加上蝦米、臘肉、臘腸、蔥、芫茜、五香粉等等。蘿蔔糕多數是在蒸熟之後再切片，用油煎了來吃的。香港平時在飲茶時也可以吃到蘿蔔糕，但到了過年，蘿蔔糕卻一變而為年糕了。此外還有芋頭糕，是將芋頭切成了小塊調和米粉來蒸。甜的年糕還有馬蹄糕。但一般人家過年所蒸的年糕，大都只是以糖年糕和蘿蔔糕為限。

五方雜處的香港，除了上述的本地人自己蒸製的年糕之外，市上店裏還有各式各樣的年糕出售。平時專售鬼刁沙爹的南洋食品餐室，這時有應時的南洋椰汁年糕以及所謂新加坡年糕出售；上海店裏有蘇式的豬油年糕、白糖桂花年糕，還有以上海丁大興水磨米粉來標榜的寧波年糕。北京館子也有以紅綠絲和蜜棗蓮心鋪面的北京年糕應市。有一家福建館子也有福建年糕出售。甚至西餅店裏也有「恭賀春禧」的西式「洋年糕」來湊熱鬧。

　　談到年糕，我覺得最合我的口味的是蘿蔔糕，新年到朋友家裏拜年，如果捧出煎得又香又熱的蘿蔔糕，我一定毫不客氣的放口大嚼。而且遵照本地規矩，吃得一塊也不剩。

蘿蔔糕

◆　蘿蔔糕是傳統的粵式點心，在廣東和香港作為賀年食品，寓意步步高昇。蘿蔔糕一般以白蘿蔔切絲，混入以黏米粉和粟米粉製成的粉漿，再加入已切碎的冬菇、蝦米、臘腸和臘肉，然後蒸煮而成。

「年晚煎堆」

　　煎堆是香港人過農曆新年必備的食品，也是送年禮不可缺的應時禮品之一。到了快過年的時候，市上的糖果店和食品公司都有煎堆擺出來應市，若是到了年宵攤開市，專賣煎堆的檔口更多，益發可以看出煎堆在點綴過年氣氛中所佔的重要性。

　　因為廣東向來注重過農曆新年，而過年又注重各種應時食品，因此，遂有許多俗諺是與過年食品有關的，如「年晚煎堆」、「冬前臘鴨」都是。

　　廣東的臘味是非常有名的，但吃臘味必須要待北風天以後，才香爽可口；尤其是臘鴨，在立冬以前所醃製的，往往容易走油失味，因此臘鴨必須在立冬以後製成的才是上品，於是遂有了「冬前臘鴨」這一句俗諺。這是一句歇後語，底下還藏着一句「隻帶隻」，即一隻好的配着一隻壞的之意。這是諷刺舊時買賣式的婚姻制度的。一個五官不正、骨瘦如柴的富家子，卻可以娶一個如花似玉的美麗健康少女為妻，一個龍鍾的富翁，也可以買一個蓬門碧玉為妾，甚至一個老醜婦，可以出錢入贅一個「小白臉」。這種不相稱的情形，走在街上給路人看起來，恰似臘味店裏將一隻冬前臘鴨和一隻冬後臘鴨，搭在一起出售的情形一般。這就是「隻帶隻」的現象。本地人將這個「帶」字讀如「搭」字音，即國語搭的意思。

　　「年晚煎堆」也是一句有關婚姻的諺語，不過不是諷刺別人，

而是有一點阿Q式的自嘲的。煎堆為過年必備的食品，可是貨色有好壞，價錢也有貴賤。有錢人當然揀最貴的買，沒有錢的為了過年，不能不買，只好揀最便宜的買一點應應景，但求「人有我有」，這就是「年晚煎堆」這句俗語的由來。意思是指有些男子到了相當年齡之後，為了料理家務或免人背後指摘「寡佬」，不得不趕緊結婚娶老婆，不暇仔細選擇對手，但求「人有我有」，這就是「年晚煎堆」的意義。現在有時也用來作為馬馬虎虎購置一件必需品的解嘲。

　　煎堆實在不很好吃。那種用油煎成的一個個大圓球，外面黏上芝麻，裏面有的是中空的，有的是拌糖炸過的爆穀，有時僵硬了，便用釘錘打碎了來吃，實在沒有什麼特別滋味，遠不及同是過年食品的油角或是芋蝦香脆可口。煎堆以九江製的最有名，因此，香港賣煎堆的多數用「九江大煎堆」來標榜。

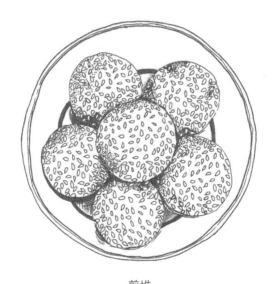

煎堆

◆ 煎堆是廣東及香港、澳門地區常見的賀年食品，有「煎堆轆轆，金銀滿屋」之意。煎堆在長江流域叫作麻球，華北地區則稱麻團，東北地區稱麻圓。將糯米粉加水揉成團油炸，加上芝麻即製成煎堆，有些會包有豆沙等餡料。

吊鐘 —— 香港的新年花

　　每逢農曆快過年之際，香港的報上照例會出現有人偷斬吊鐘的新聞。因為吊鐘是香港人過農曆新年必備的時花，看得比水仙更為重要，尤其是商家，時常要花幾十元甚至百餘元買一枝吊鐘，將吊鐘開花是否繁茂，看作一年生意好壞的兆頭。

　　為什麼到了這時候就有人偷斬吊鐘呢？這因為野生的吊鐘花在本港是受保護野生花木法令保護的。香港人過年所用的吊鐘花，全部是由花販從內地運來的，而這貨色必需要等到年宵攤上才有應市。在這以前，如有人想要吊鐘花，便只有到山上去偷斬了。

　　香港和新界的山上，原來有很多的吊鐘樹。據說從前新界的青山、本港的大潭篤、赤柱、金馬倫山，都盛產吊鐘。在沒有頒佈保護野生花木法令以前，吊鐘是可以隨意採摘的。就因為這樣，每屆農曆過年要斬伐很多的吊鐘樹，但補充種植的工作卻沒有人注意，於是香港野生的吊鐘樹就愈來愈少了。這才在一九一三年七月由港英當局頒佈一種特別法令，禁止本港花販售賣吊鐘花，後來又在一九二〇年將這法令的範圍修正擴大，改為正式保護野生花木法，將吊鐘、杜鵑以及多種野生的蘭花置於法令保護之下，禁止採摘和發售，但自己花園裏培植和從香港境外輸入的則不在禁止之列。因此，今日香港人過農曆新年所用的吊鐘花，全要仰給內地的供應了。

　　吊鐘的開花期約在新曆的一月半至二月半，因此，農曆新年正

是它們的盛開時期。廣東人過年插吊鐘的風俗已經由來很久。屈大均在《廣東新語》上説：

> 吊鐘花出鼎湖山。此花並木折下，能耐久，臘盡多賣於街，土人市以度歲，取其置瓶中不萎也。

鼎湖山即頂湖山，在肇慶。為什麼要説吊鐘出鼎湖山呢？據《肇慶府志》載：

> 吊鐘花，木本，花紅白色，形如鐘，皆下垂，無仰口者，簇生葉下。每簇九花，嶺南處處有之，惟頂湖山所產，每簇十二花。

在新年被當作吉祥花的吊鐘，本以開花恰好合時和花朵多為好兆的，因此，一簇能有十二鐘的鼎湖吊鐘，便特別被人看重了。

香港在一百多年以前的吊鐘花繁盛情形，我們還可以從滿清時代出版的《新安縣志》上見得到。這書記載着説：

> 吊鐘花，樹高數尺，枝屈曲傴塞。正月初，先作花，後開葉。一枝綴數十小鐘，色晶瑩如玉，雜以紅點。邑杯渡山極多。

杯渡山就是青山，因此，我們今日在青山還可以見到有野生的吊鐘花。

吊鐘花多數是粉紅色，僅有少數是白色的。誠如它的名稱所示，吊鐘花開起來以後，一朵一朵的恰如小鐘，每一隻僅有半英寸高，一叢一叢的吊着。

吊鐘花是先開花後生葉子的。花蕾未開時有鱗狀的厚殼包裹，花上有小莖，尖尖的蓓蕾，就從鱗苞裏一叢一叢的倒垂下來。花

開了以後，新葉才從枝上生出來。新生的吊鐘花葉子，幾乎像花一樣的美麗，顏色從淺綠以至嫩紅都有。葉上有一層蠟光，所以看起來幾乎像是假的。吊鐘花很耐久。通常在農曆送灶以後從年宵市場上買回來，插在瓶裏，它便一批地開起花來，若是花瓶的質地好，沒有火氣，會發花，又時常給它換清水，則幾乎一直可以養到正月底，還可以從又紅又綠的嫩葉叢中欣賞着那一簇一簇吊着的粉紅色小鐘。

廣東舊時的方志上雖說吊鐘花以肇慶頂湖山出產的最有名，但那大約指野生的而言。今日香港人過年所買的吊鐘，大都來自清遠等處，而且都是人工種植的。清遠的秦皇山，那一帶的鄉下舊時便是專門種吊鐘發售的。吊鐘樹本是多年生的小灌木。鄉民種植吊鐘時，每年在未曾有花蕾以前，事先選定凡是準備在年尾要砍下來出售的花枝，事先施行一種「剝皮」的手續。這就是準備整枝砍下來的那枝幹的末端，將樹皮剝去一寸左右。據說這作用是防止樹葉所吸收的滋養料，不致繼續輸至樹幹和樹根，這樣，這一根枝上的花朵，在年底開花時便會特別茂盛，因而也可以賣得好價錢。

在香港每年從農曆十二月二十四日開始的年宵市場上，吊鐘是比桃花銷路更多更吃香的時花。一紮尚未開花在外行人看來幾乎像乾柴一樣的吊鐘，花販一開口會索價五十元至七、八十元不等。但一枝模樣端正、花蕾多、沒有灑過鹽水、保證能及時開放的吊鐘，在農曆二十八、九去買，沒有三、四十元也是很難買得成的。

吊鐘花

◆ 吊鐘花（*Enkianthus quinqueflorus*），
別稱鈴兒花、白雞爛樹、山連召、倒掛
金鐘及燈籠花等，為杜鵑花科吊鐘屬植
物，原生於華南各地。

牡丹花在香港

　　牡丹是我國特產的名花。國色天香，不同凡卉，古來以洛陽產的最有名，所謂姚黃魏紫，久已艷稱。嶺南的土質和氣候不適宜於牡丹，因此廣東沒有牡丹。但是每到農曆過年的時候，廣州和香港的年宵花市，必有幾盆牡丹陳列出售，從未見過牡丹的，這時都爭圍着看一看以開眼界。不用説，花販所標的價錢是驚人的。

　　這種應景的牡丹花，全是放在密室內用火烘逼出來的，因為北方的牡丹其實要到春天三月才開花。從前廣州的花販為了適應西關富戶和十八甫的大商家的過年要求，使用種種方法使得牡丹提早開花。《廣東新語》記這種牡丹在廣州種植的情形説：

> 廣州牡丹，每歲河南花估持根而至，二三月大開，多粉
> 紅，亦有重疊樓子，惟花頭頗小，花止一年，次年則不花，
> 必以河南之土種之，乃得歲歲有花。

　　每年香港年宵花市上所陳列的牡丹，就是用這方法培植，而且多是從花地運來的。從未見過牡丹花的人，見一下固然可以開開眼界，可是曾經在北方賞過牡丹的人，在香港年宵花市上看見了這種所謂「牡丹花王」，真不免要失笑。

　　俗説「牡丹雖好，還須綠葉扶持」，這可見牡丹葉和牡丹花相

得益彰的重要性，可是在香港出售的牡丹花，因為是用火烘出來的，雖然開花，卻沒有葉子，在光禿的枝幹上，綴着幾朵營養不良的紙紮似的花。試想，沒有綠葉扶持的牡丹（牡丹的葉子是特別濃綠肥大可愛的，而嫩葉的鵝黃淺綠色更美麗），那模樣不僅不可愛，而且喪失了「國色天香」的尊嚴，看來簡直滑稽得令人失笑，然而香港人均伸長了脖子圍着爭看這往往標價二百大元一對的「花王牡丹」。

　　因了南方沒有牡丹，連這裏的畫家畫牡丹也畫不好。廣東畫家時常嘲笑北方畫家畫荔枝，愛用紫黑色，畫成了荔枝乾，我卻親眼見過香港一位以「寫花」自負的「畫伯」，用西洋紅畫出來的牡丹，葉子像菊，花像丁香（即上海人所謂康乃馨），而且是草本的。

　　牡丹並非是不能用人工火力催開的。這本領要推北京的園藝家。北京郊外豐台的花農，在北方那樣嚴寒的天氣下，他們在地窖裏鋪上稻草，生起炭火，能及時種出肥大的嫩黃瓜（即本地青瓜）和花紅葉綠的牡丹花來，以適應北京人過農曆年和春節的需要。

　　現在交通便利了，我希望在今後香港的年宵花市上，能有人從北京直接運幾盆牡丹來陳列，那才能使從未見牡丹真相的香港人真正開一開眼界。

牡丹

◆ 牡丹（*Paeonia suffruticosa*）是芍藥科的重要觀賞植物，原產於中國西部秦嶺和大巴山一帶山區，花大而艷麗，有「花中之王」的美譽。

水仙花的傳奇

　　水仙花是香港人過農曆新年必需的點綴品。每到農曆快過年的時候，報紙上總要出現「發售漳州水仙花頭」的小廣告。這正是合時的生意。因為誠如這廣告所示，水仙花是我國福建漳州的特產，本港所出售的水仙花沒有一棵不是從漳州運來的。

　　生物長成的經過，包含許多很巧妙的安排，這是自然界的傳奇故事，有時比詩人所想像的神話還要傳奇。如有一種名叫蜉蝣的小飛蟲，形如小蜻蜓，這就是莊子所說的「蟪蛄不知春秋，蜉蝣不知朝暮」的小蟲，牠們僅有幾小時的生命，可是在蛻化成飛蟲以前，幼蛹要在水中生活三四年以上，才可以成熟蛻化，而爬出水面蛻化成飛蟲以後，大都經過三、四小時就死亡了。同時在這短促的三、四小時生命史中，牠們還要經過練習飛行、尋找配偶、交尾產卵的忙碌生活。一個幾小時的生命，卻要經過三、四年的籌備工作，你說這是不是生物界的傳奇？

　　水仙花的生活史也是這樣。我們平時所見到的水仙花，大都是已經種在水盆裏長了長長的綠葉正開着花的，很少人見過那種像洋蔥頭一樣的乾水仙花頭，而這正是水仙花從產地運到香港時的情形。並且這種乾水仙花頭，在產地要事先經過埋在地中種植若干日，掘起來風乾，然後再種下去再掘起來，要這樣經過三年之久，然後才可以運到香港來發售的。經過這樣三年培養工夫的水仙花頭，一

且放到清水裏，就可以保證恰好在農曆新年開出花來。否則買主買了一棵水仙回去，種在水裏種了許久，到了新年開不出花來，便不免要大呼「大吉利是」了。

一棵水仙花頭既要經過三年的培養手續，並且又要使得它能在指定的時間內開花，這就對於土壤、陽光、水分、氣候、風向非要有豐富的經驗不可了。這就是種植水仙花成為福建漳州人專業的原因，也正是水仙成為漳州特產的原因。並且即使在漳州，據說從前也僅有某幾個鄉村善於種水仙，種植的秘訣幾乎成為他們世襲相傳的秘密（當然，今天已不會秘密了）。在這區域以外雖也能種水仙，但費時費事而難獲利，在漳州以外更不用說了。

從漳州經由廈門水路或從陸路運到香港來的乾水仙花頭，是用竹簍成簍裝起來的，上下鋪着稻草。它們按着大小來定等級，最上等的貨色每簍三十棵，其次四十棵，以至五十、七十、八十不等。他們在本港沒有長年固定的行址，大都臨時借用同鄉的商號來進行短期的批發生意，這些商號多數是籐器行或竹器行。一到每年農曆十一月左右，本港的花園花販便向如期而來的他們批購整簍的乾水仙花頭，回去再經過一番相當複雜的培植整理手續，然後就可以等到年宵市場上拿出來應市了。

從漳州運來的乾水仙花頭，到了本港「花王」和花販手裏以後，還要經過幾重整理的手續，然後才可以應市。這是準備在年宵市場出售水仙花的花販們最緊張忙碌的時節。因為水仙花頭在農曆十一月底就要發芽，發芽之後往往恰好經過一個月便可以開花，而這時正是農曆的大除夕。開花開早了不合時，貨色賣不出好價錢，開遲了便失去市場，根本一錢不值。因此如何使得所有的水仙花恰好在農曆十二月二十八九的年宵含苞欲放，或者成為「荳蔻初開」的光景，那就是經營這生意的最費苦心，最要發揮自己養花經驗的地方了。

通常，他們總是先期將乾水仙花頭攤開來加以整理，先將四周駢生的小花頭割下來，剝去那一層洋蔥皮似的乾皮和底下附着的污

泥，然後用刀在花頭上沿着花芽迸出的兩側深深的劃幾刀。這手續最重要，也最講究經驗，否則將來發出來的花便歪斜不端正了。經過這樣手續之後，又將花頭放在清水裏浸一夜，然後便用淺木盆一排一排的養在水裏，聽其自然生長了。

若是天氣正常，不冷也不太熱，又沒有風雨，在農曆十二月初養起來的水仙花，到了除夕前夜一定可以開花。但是若陽光太少，或是天氣太冷，北風太大，都可以影響水仙的發育。過早過遲固然都不好，即使及時開花，若是葉長花短，顯得披頭散髮的樣子，也足以影響市價。因此在這一個月中，培養水仙花的花販，幾乎無時不在提心吊膽，一直要到農曆十二月二十以後，大勢已定，這才放下一顆心來。

普通的水仙花有單瓣複瓣之分。在花品上説，當然單瓣的花品更高，但是在本港的市場上，則是重臺的比單瓣的更貴，因為許多人都喜歡買重臺的。此外還有一種蟹爪水仙，那是花販將切下來的小花頭用竹籤穿在一起，經過種種人工培養成的，他們稱這工作為「雕」，有的甚至能雕出獅子老虎的形狀。這實在是畸形的產物，最為庸俗，然而在花市上它們的價錢最貴。

水仙和吊鐘，是香港人過年必備的兩種時花。在本港的年宵市場上，在最初幾天，一棵普通的水仙花，花販一開口也許會向你索價五元至十元，在大除夕的十二點鐘以前，也許一棵仍要四元至五元才買得成。但是一到二時以後，大約一塊錢已經可以任揀了。再遲一點，到了花販收檔回家團年的時候，這時若再有賣剩的水仙花，他們為了節省人力和搬運費，大都棄置不顧，拋在地上任人踐踏。於是經過三年栽培，一個月的苦心照料，就在「一夜繁華」之後，身價跌得一錢不值，拋在地上成為垃圾了——這就是水仙花的傳奇。

水仙花的傳奇 283

水仙

◆ 水仙（*Narcissus tazetta*）為
石蒜科水仙屬的植物，地下部分
的鱗莖肥大似洋蔥，花開芬芳怡
人，因為水仙通常在農曆新年期
間開放，是很歡迎的年花種類，
象徵來年好運。

過年用的茶素

　　農曆新年和春節，各地都有許多特殊的應時食品。這些食品都是小食糖果糕餅居多。香港人和廣州人一樣，過年所必備的各種小吃，是煎堆、芋蝦、油角、馬蹄糕、蘿蔔糕、各種蜜餞糖果之類。

　　煎堆芋蝦油角之類，在店裏有現成的可買，現在通街都是，但是舊家大族或是講究「骨子」的家庭，多數喜歡自己動手製，這是家庭主婦準備過年的一件重要工作。她們稱這工作為「開油鑊」。迷信的人，在開始「開油鑊」炸物之始，絕對不能說「弊咯」「衰咯」一類的話，以免有不好的兆頭。她們為了提防將油角炸破了或是有其他不吉利的現象起見，在正式炸物之前，先隨便將一些麵粉搓成條放進油鑊裏去炸，任它炸成什麼古怪的形狀，並依據那些形狀說出許多吉利話，然後就正式開始炸油角芋蝦等物。這時即使有炸歪了或燶了的，也就不再忌諱了。

　　過年用的油器，除了煎堆油角芋蝦之外，還包括有薄脆、爆穀、米通、沙壅以及油炸花生之類。這裏面，我覺得芋蝦最好吃。芋蝦的名稱也可喜。其實芋蝦並不是蝦，乃是將芋頭切成細絲炸成的，一團一團的像是用麵粉蘸了小蝦炸成的蝦餅，本地人慣稱細小的東西為「蝦」，所以芋絲餅也就成為芋蝦了。其次可口的是沙壅，這是將糯米粉炸成鬆散的圓球，沾上白糖來吃的。這名稱很古怪。平日在一般的麵包店裏也有得賣。我覺得最不好吃的是煎堆，無論扁

的圓的都堅硬得沒有情趣，然而「年晚煎堆」，人有我有，這卻又是點綴過年不可少的一件應時食品。

　　這類油器，在送灶前後製好，留着過年，新年有人來拜年，便用盆子裝出來饗客。自己到人家去拜年，有時也要帶一點去送人，表示舊家風度。洋派的家庭大都不講求這一套了。

　　點綴年節的這類油器，舊時稱為茶素，因為原是用來伴茶敬客的，也就是北方所謂「茶泡」。《廣東新語》記舊時廣州過年所製的各種茶素道：

> 　　廣州之俗，歲終以烈火爆開糯穀，名曰炮穀，以為煎堆心餡。煎堆者，以糯粉為大小圓，入油煎之，以祀先及饋親友者也。又以糯飯盤結諸花，入油煎之，名曰米花。以糯粉雜白糖沙，入豬脂煎之，名沙壅。以糯粳相雜炒成粉，置方圓印中敲擊之，使堅如鐵石，名為白餅。殘臘時，家家打餅聲與擣衣相似，甚可聽。又有黃餅雞春餅酥蜜餅之屬。富者以餅多為尚，至寒食清明猶出以饗客。尋常婦女相饋問，則以油角膏環薄脆。油角膏環以麵，薄脆以粉，皆所謂茶素也。

油角

◆ 芋蝦是中國傳統的賀年小食，芋蝦的「蝦」字與「哈」字同音，有笑哈哈的意思，用芋絲混合糯米粉裹蝦仁炸製而成；油角也是粵式過年小食，用麵粉加雞蛋、豬油和適量的水搓成粉皮，在中間放入炒過的花生、芝麻及砂糖，對摺後在邊緣摺出花邊油炸而成。

唐花薰貨

　　凡是為了應時應景，用人工使得花卉提早開放的，謂之唐花。現在花市上賣給香港人過年用的最名貴的牡丹，就是用這方法催開的。這個「唐」字，並非像本地人或日本人慣用的那樣，意指「中國」。唐花的「唐」，實是「煻」的省寫。唐花的由來已經很久，有時又稱為堂花或塘花。宋人《齊東野語》載：

> 花之早放者名曰堂花。其法以紙飾密室，鑿地作坎，緪竹置花
> 其上，糞以牛溲硫磺，然後置沸湯於坎中、湯氣薰蒸，盎然春融，
> 經宿則花放矣。

　　唐花手段最好的是北京的花農，舊時稱為花兒匠或「花把式」，他們都是北京郊外豐台草橋十八村的人，因為北京四時花木的最主要來源是豐台，就如廣州的花地、香港的花墟那樣，因此種花的都是豐台人。舊時北京的豪門貴族，養尊處優，最講究「非時之貨」，請春酒吃黃瓜茄子，冬天賞牡丹，但那時沒有冷藏或暖氣設備，便不能不講求特殊的人工栽培方法，這就造成了豐台花匠的驚人本領。《帝京景物略》、《燕京歲時記》等書說：

> 凡賣花者謂薰治之花為唐花，每至新年，互相饋贈，牡丹呈豔，
> 金橘垂紅，滿座芬芳，溫香撲鼻。三春豔冶，盡在一堂，故又謂之堂花。

今京師唐花有牡丹，歲籥將新，取以進御，士大夫或取飾庭中，及相饋送，有不惜費中人之產者。

今京師花肆，爭先獻早，秋天開梅花，冬天開牡丹，春天開梔子，鬱氣重蒸，利其速售。

豐台的花農不僅會在地窖暖室中種花，而且還能提早種出各種瓜菜應市。

京師隆冬，有黃芽菜韭黃，蓋地窖火炕中所成。

花匠於煖窖中，正月燈節烘出瓜茄等菜，葉上各有草蟲，巧奪天工。十月中旬賞牡丹，元旦進椿芽黃瓜，所費一花，幾半萬錢，一芽一瓜，幾半千錢。

北方天氣冷，從前交通又不方便，所以以能在農曆正月吃到黃瓜韭芽為珍品。但現在交通利便，又有了冷藏的方法，像香港廣州這樣的地方，固然一年四季隨時都可以吃韭黃青瓜，就是在現在的北京，冬天吃韭芽黃瓜也是常事，而且價錢不會貴，已是一般人都能夠享受的東西。惟獨牡丹，無法開得早，像香港年宵花市上所見到的那樣，都是所謂唐花，花農又稱之為「薰貨」。

牡丹

◆ 香港新年有逛花市的習俗，居民會去花市購買年花擺放在家中。

賀年的糖果和果盤

春花秋月年年好，試戴銀旛挬醉倒；今朝一歲大家添，
不是人間偏我老。

這是陸游《元旦詞》的下半闋。是的，又過了一年，誰都大了
一歲。自元旦以來，未能免俗，不免拖兒帶女的到幾家親戚朋友家
裏去拜年。這時不妨特別留意一件事，留意各家捧出來奉客的「賀
年糖果」。

既是過農曆新年，總覺得應該遵守原有的好風俗，盡量地保留
使用中國風味的東西。當然不必跪到地上去磕頭，但用玻璃盆子盛
着用五彩透明花紙包的果汁糖，總使我一見了就有反感。廣東本來
是有很好的中國風味的「賀年糖果」的，那就是蜜餞：糖金橘、糖
蓮心、糖馬蹄、糖冬瓜、糖蓮藕……不知怎樣，本地人採用的竟一
年少過一年了。

這些廣式的賀年蜜餞，每到春節的時候，從內地總有大量運來
供應，在形式和味覺上具有濃厚的中國風味。何況一年之中，又僅
有在過年的幾天才上市，平日是很少賣也很少人買的。我不懂為什
麼許多人偏不用它，而去買一年四季隨時可以買得到的洋式糖果？
因此我到人家拜年，若是拿出來的是糖蓮藕糖金橘一類的東西，雖
然我平時不大吃甜的，這時也要多拈幾塊以示擁護。若是拿出來的

是玻璃紙包的果汁糖，我一定袖手不顧，以示抗議。

　　其次，我對於用玻璃盆子盛賀年糖果，也表示反對，尤其是那種廉價而傖俗的美國貨。春節用糖果敬客，最好盛在果盒裏，其次也該用江西的磁碟。再不然，就是汕頭貨也不妨，總比玻璃碟大方厚重些。

　　果盒，本地人通稱全盒，上海人稱為果盤，北方人則稱為桌盒，這才是新年盛糖果敬客最富麗大方的器具。本地市上還有一種福建漆的果盒，硃紅漆五彩描金，有的裏面還配上磁質的格碟，實在名貴大方，只可惜價錢高了一點，不是一般人都可以買的。但我仍止不住要幻想，將形式鮮明的各式蜜餞糖果，盛在這樣硃紅描金的果盤裏，在有客人來的時候拿出來款待來拜年的親友，將是一種怎樣富麗大方而又同周遭的「恭喜恭喜」的氣氛非常調和的景象。

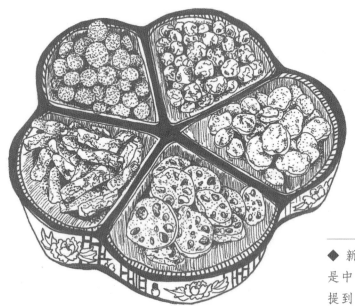

果盤

◆ 新年擺出果盤招待客人是中國的賀年習俗，本篇提到的糖金橘、糖蓮心、糖馬蹄、糖冬瓜、糖蓮藕等均是過去常用來招待客人的新年糖果。

年宵花市

六種爭開向藥欄，冬來花事不曾殘；

天南春色無來去，長與東皇共歲寒。

　　這是屈翁山的冬日對花絕句。所謂六種，是指梅花、菊花、月季、高麗菊、雁來紅和水仙。廣東因為氣候與北方不同，這冬天，不僅菊花與梅花同開，就是桃花也會提早開放。前天才過立春，可是小園的夭桃，已經開得落英繽紛了。這種情形，我們如果到灣仔海邊的年宵花市上去看一下，就更可以明白，所謂「花曆天南最不同，吹噓不必定春風」，是一點也不錯的。

　　年宵花市上最當令的是吊鐘水仙和桃花。買了桃花的大都不再買吊鐘，但水仙是必買一兩棵的。桃花最值錢的是大株而形如覆傘的雙瓣桃花，水仙是經過人工製作的蟹爪水仙。一株模樣整齊的高大「桃花王」，花販會貼上紅紙標價千元以上。可是在這年頭兒，連最講究的南北行和銀號都在「慳皮」，對於這樣貴的桃花，恐怕很少人會有閒情來「問價」了。

　　除了吊鐘桃花水仙之外，花市上陳列最多的是萬壽菊和桔樹了。這兩種花樹都是要連盆成對買的。萬壽菊價錢不貴，而且經擺。桔樹雖然有趣，小小的一盆，滿綴着丹黃色的桔，這是本地人認為最吉利的，可是價錢又貴又不容易買。因為許多桔都是假插上去的，甚至有些冬青樹枝上也裝上一顆顆的桔，當作桔樹來騙人。盆栽的還有玫瑰月季和海棠，後者多數同仙人掌羅漢松陳列在一起，已經屬於盆景的範圍了。劍蘭當然也很多，在年三十晚上，

荷蘭種的大紅劍蘭索價可真嚇人。光顧這類洋花的都是小家庭居多，因為他們的房裏是不適宜插吊鐘桃花之類的大枝花的。

嶺南雖然以梅花著名，可是在香港的年宵花市上不易見到梅花，這是因為香港的梅花少，而且早已開過了。

香港花販不識芍藥，因此他們將那一盆一盆的大麗花呼為芍藥，這是與將外國人插在襟頭的「康乃馨」呼為丁香一樣，是最煞風景的事。這也難怪，因為嶺南沒有牡丹和芍藥，因此，花販們就根本不識這種「春風拂檻露華濃」的名花為何物了。

◆ 年宵花市是廣東地區的過年習俗，歷史悠久。香港的花市又叫花墟，旺角花墟是一個位於香港旺角北部的市集。商販主要集中在太子花墟道兩旁，以批發價大批售賣各式花卉，成為香港最大的鮮花零售集中地。

今日香港太子道花市

除夕雜碎

賣懶賣懶，賣到年三十晚，人懶我唔懶？

據說這是從前年三十晚，廣州的孩子們提着燈籠上街去「賣懶」時所喊的詞句。

每逢到了所謂年三十晚，像我們這樣的人，一年四季執着筆，要懶也沒有機會可懶。在這年三十晚，若是有人「賣懶」，真想買他一天來享受一下。

孩子們除夕賣懶的風俗，不僅廣州有，就是江浙也有。蘇州人名「賣懶」為「買癡」，所唱的詞句是：「賣懶賣癡，人癡我不癡」。可是屈大均卻說廣州人年終以火照路，名曰賣冷，未知是另一種風俗，還是他將「懶」和「冷」記錯了。

賣懶和「出賣重傷風，一見就成功」一樣，能令聽者掩耳疾走。但在除夕卻另有一種賣聲為人所歡迎的，那便是小販賣「發財大蜆」了。我不知本地人在過年要買蜆，而且以蜆為發財象徵的原因所在。也許是由於鄉下人認為蜆是豐年的產品，蜆多則年豐，螺多則年凶，所以要在歲尾年頭買蜆取吉兆吧。

蜆有多種，有白蜆黑蜆，生在沙裏的色黃，名黃沙大蜆，過年所賣的就是這一種。蜆容易傳染腸熱症，在平時本是很少人隨街大聲叫賣的。但一到年三十晚和大年初一，小販卻在木盆裏摔着紅紙

除夕

高叫「發財大蜆」，也很少有人來干涉了。

　　除夕晚上的那一餐飯，本地人名為「團年」，上海人則稱為「吃年夜飯」，其實是年終請客的變相，往往事先邀了許多朋友親戚來參加，而且不一定要在除夕。從送灶以後，隨時都可以「吃年夜飯」，這真如魯迅先生所說，實在「洋場氣十足」。

　　過年當然有喜有愁，但無論怎樣困難的情形，若是能挨過除夕晚上，則明天早上任何人見了，都要「恭喜恭喜」，一切都可以暫時放下不提。因為按照本地的過年規矩，雖然年三十晚可以提了燈籠來收賬，但一過午夜，吃了團年飯以後，見了面只「恭喜恭喜」，其他一切暫時免開尊口了。

　　◆　除夕又稱大年夜、年夜、除夜、歲除、大晦日，是中國農曆新年過年前的最後一天。有貼春聯、吃年夜飯、辭歲等習俗。

策　　劃	越眾文化傳播
	中和出版編輯部
	南兆旭
註釋撰文	嚴瑩
文字編輯	楊克惠
圖片編輯	嚴瑩
書籍設計	彭若東
責任校對	江蓉甬
印　　務	馮政光

書　　名	香港方物志（彩圖版）
作　　者	葉靈鳳
繪　　圖	余婉霖
圖片攝影	嚴瑩　黃寶平　田穗興　南兆旭　吳健梅　張金龍　李成
	吳健暉　何徑　王炳　周行　賴海　李健智　Hans　周煒
出　　版	香港中和出版有限公司 Hong Kong Open Page Publishing Co., Ltd. 香港北角英皇道499號北角工業大廈18樓 http://www.hkopenpage.com http://www.facebook.com/hkopenpage http://weibo.com/hkopenpage
香港發行	香港聯合書刊物流有限公司 香港新界大埔汀麗路36號3字樓
印　　刷	中華商務彩色印刷有限公司 香港新界大埔汀麗路36號中華商務印刷大廈
版　　次	2017年7月香港第一版第一次印刷
規　　格	32開（170mm × 230mm）320面
國際書號	ISBN 978-988-8466-11-5

© 2017 Hong Kong Open Page Publishing Co., Ltd.
Published in Hong Kong